忘れな草は咲くか
——私の死生観——

上山 陸三

樹芸書房

刊行に寄せて

旧郵政省／東京・飯田橋郵便局長
東北アララギ会「群山《むらやま》」同人
土岐《どき》　邦成《くにしげ》

平成最後の年に別れを告げるかのように、この度、八六歳の日本芸術院長の肩書を持つ作家・黒井千次氏が久しぶりに老老小説『流砂《りゅうさ》』（二〇一八年一〇月、講談社刊）を発表して評判になっている。

同時代を生き同年齢の我が恩師・上山陸三先生（以下著者）は、本年七月に『夫婦の別れ［死別］ほどつらいものはない――未体験の夫婦へ伝えたい――』（樹芸書房刊）を出版して好評を博したところである。

著者は、長年連れ添った妻に先立たれたつらくも悲しい体験を綴り、「生活をともにする伴侶を大事にして」と著者の知人、友人、仲間、教え子等に広く呼び掛けたのであった。

前書（前篇）『夫婦の別れ［死別］ほどつらいものはない』が南日本新聞2018年8月20日付朝刊に掲載され、反響を呼んで多くの読者から感想が寄せられた

夫婦の別れ 本出版

鹿屋市の元教員・上山さん

鹿屋市の元高校教員、上山陸三さん(86)が、「夫婦の別れ［死別］ほどつらいものはない―未経験の夫婦へ伝えたい」を出版した。長年連れ添った妻に先立たれた悲しい体験をつづり、「生活をともにする相手を大事にして」と呼び掛ける。

夫婦の写真と出版した本を持つ上山陸三さん　＝鹿屋市新川町

最愛の相手を大切に

上山さんは同市出身。鹿児島大を卒業後、英語教師になり、県内各地の高校で教壇に立った。市来農芸高校に赴任していた1962（昭和37）年、妻・和子さんとお見合いで結ばれた。92年、旧高山高校を最後に定年退職。第二の人生を楽しんでいたが、和子さんが病に伏し2015年11月23日、76歳で永眠した。

53年の夫婦生活に終止符を打たれた上山さんは、3年近く経た現在も喪失感に苦しんでいる。「妻が生きている時は一緒にいるのが当たり前だった。1人になり、かけがえのない相手だったと気付いた」。遺影に向かっては「会いたい」と声を掛ける日が続く。

体験を退職教員の集まりで語ったところ、感動を呼び出版を勧められた。本を読んだ夫婦健在の教え子や同僚から「連れ合いに優しくしたい」との感想をもらったという。

上山さんは「亡くしてから悔やんでは遅い。思いやりの気持ちを持って夫婦生活を送ってほしい」と話す。

文庫本サイズで103㌻。税込み700円。問い合わせは樹芸書房（東京）＝042（577）2738。

（黒田昌平）

南日本新聞2018年8月25日付朝刊のコラム「南風録」に忘れな草をからめた前書『夫婦の別れ……』も記事紹介される

忘れな草は、淡い青色のかれんな花を咲かせる。野辺にひっそりたたずむ奥ゆかしさに心ひかれる。漢字では「勿忘（忘るるなかれ）草」と書く▼英語名「ｆｏｒｇｅｔ ｍｅ ｎｏｔ（私を忘れないで）」が元になった。恋人のため、この花を摘もうとして命を落とした中世の騎士の伝説にちなむそうだ。年配の方なら、倍賞千恵子さんの切々とした歌声を思い浮かべるかもしれない▼花にまつわるこんな話もある。身近な人に先立たれて3年が過ぎ、墓に忘れな草が咲くころ、悲しみも薄れるという。死別に心の整理がつかない遺族への慰めだろうか▼この話を教えてくれた鹿屋市の元高校教員上山陸三さんは、53年間連れ添った妻が病で旅立った。もうすぐ3年になる。「忘れな草が咲いても、心の空白は生きている限り続くでしょう」。自著「夫婦の別れ『死別』ほどつらいものはない」で心境をつづっている▼庭を眺めるたび、花を育てるのが好きだった妻の姿を探す。散歩から帰ると、夫婦の思い出が詰まった家に入るのをしばらくためらう。喪失の悲しみの深さに、うなずく人もいるだろう▼忘れな草の花言葉には「思い出」もある。「あなた、もう少し見守っていて」。先日の本紙ひろば欄に、13年前に死別した夫へ宛てた女性の投稿があった。夫婦に限らない。かけがえのない人の思い出は前向きに生きる力にもなる。

その反響は大きく著者の地元である鹿児島県紙の南日本新聞が早速、前書の紹介（二〇一八年八月二〇日付朝刊）をすると共に、人気コラム「南風録」（二〇一八年八月二五日付朝刊）に本書のテーマにある「忘れな草」の由来を詳細に紹介、説明してくれたのであった。

冒頭から前置きが長くなり恐縮であるが、著者は伴侶を亡くしてから喪失感や孤独感に苛《さいな》まされて、殊に人の死生について考察する機会が増えたようである。

そこで、著者は一般の人が考える死生観までを書き加えてこれを「私の死生観」と捉《とら》え、前書の続篇として刊行したのが本書である。

著者は、この度の本書を自伝的手記と呼び次のように述懐している。

「この手記は、妻の死後二年目から書き継ぐもので、私がまだ苦しみと悲しみに打ち拉《ひし》がれていた時である。その時から今までの心情を書き綴るので、そのつもりで読んでもらいたい。そして、この手記は、主に対象とする未体験の夫婦が参考にして頂くことを念頭においている」

著者に筆を執らせた動機と願いは、まさに前書と全く同じで、筆者も心にかみしめて置きたいと思う。

さて、本書の構成は次の通りである。

第四章　読者からの手紙

本書を初めて手にされた読者に勧めたいことは、前書の趣旨・梗概《こうがい》、「はしがき」に目を通して、次に本書の最終章の第四章へ進むことである。そうすれば、筆者が矢継ぎ早に出版した前後二冊の関連とその真意が自ら読み取れるからである。

私は、著者の愛読者の一人であるが、本書主題の「私の死生観」は古代ギリシャの有名な哲学者・ソクラテスの霊魂不滅説に依拠《いきょ》したとのことで、私には学ぶことが大きかった。

また、著者が趣味とするクラシック音楽の紹介も含めて楽しい読みものになっていると思う。

第三章においては、私たちは死生観について誰もが五〇歳頃までには向き合って見るべきであると提唱され、また誰もが向き合うべき課題であると説明されている。古今の哲人や宗教家の書を繙《ひもと》いて著者が辿《たど》り着いた結論を知るのも楽しい。

最後の第四章の「読者からの手紙」は全体のおよそ三〇％のスペースを割いて読者の前書に対する書評を紹介している。前書に留まらず本書が著者に勇気を与え奮起を促し筆を執らせて、終生の望みを完結した著者の姿をそこに見るような思いがするのである。

読者が前書と本書の二冊を併せて読み進めば著者の喜びと願いとするところは叶えられるはずである。

この度も前書とのいきさつから当欄を受け持つことになり忸怩《じくじ》たる思いであった。

また今回も、樹芸書房・代表の小口卓也氏に多大のお世話になり、この機会に感謝と謝意を表する次第である。

最後に、著者の念願であった本書の発行に改めて祝意を申し上げるとともに、今後のご健勝とご活躍を念じながら筆を措《お》くこととしたい。

二〇一八(平成三〇)年　十二月

はしがき

私は二〇一五(平成二七)年一一月、妻を亡くした。享年七六歳で、私が八三歳の時だった。それから二年後、私が所属する教職員退職者会の忘年会へ参加要請のハガキが届いた。私はその時、妻の死の衝撃で苦しみの極にあったので、断るつもりだったが、ふと、ある考えが浮んだ。

その考えとは、同僚たちへ夫婦死別の体験談をし、参考にしてもらおうということだった。

私は事前に話の準備をし、参加した。その話の趣旨・梗概《こうがい》はあとで述べるが、私は会合に出席すると、すぐ司会者と相談し、開会の代表挨拶のあと、恒例の参加者個々人の近況報告をする前に、私の話をさせてもらうことにした。

私はほとんどが後輩である出席者(男性二五名、女性五名)の前で、簡単な事情を述べ、約一〇分程度、体験談をした。

すると、ほとんどの同僚たちが、私の話に共鳴、賛同し「今後、妻を、そして夫を大事にし、協力し、助け合って暮らします。参考になるお話をして頂き、有難うございました」などと言った誓いの言葉まで述べてくれた。

私は「我が意を得た」と思い、これをきっかけに『夫婦の別れ［死別］ほどつらいものはない――未体験の夫婦へ伝えたい――』（二〇一八年七月、樹芸書房刊）を執筆・出版することにした。

妻の死後、私は死について考えることが多くなり、一～二年が過ぎて漸《ようや》く読書する心境になり、宗教書や哲学書を数冊読んでみた。参考になることが多く、私は先達の教えをヒントに、自分も「死生観」を書いてみたくなった。そこで前書を前篇とし、「私の死生観」を後篇として本書を書き、完結しようと思った。となると、前書（前篇）の趣旨・梗概を説明しておくべきだろうと思い、以下述べることにする。

◎前書（前篇）の趣旨

前書『夫婦の別れ［死別］ほどつらいものはない』の趣旨は、未体験の夫婦がこのテーマの「言葉」を他人《ひと》ごととして受け止めず、自らのこととして受け止め、夫婦死別の苦しさ、悲しさ、つらさを想像・追体験し、今を、そして今後をいかに生きるべきかを述べたものである。

もう少し詳しく述べると、今まで日常の夫婦生活を振り返り、反省すべきことがあれば反省し、今後、夫婦お互いを大事にし、助け合い、協力し合って、より円満な生活を送ってもらうことを願ったものである。

私の体験を述べると、夫婦死別の苦しさ、悲しさ、つらさは、前述の「言葉」通り、生涯における最大の苦しみであった。

「もう二度と、この世で妻に会うことはできないのだ」という思いほどつらいものはない。

親・兄弟姉妹・子供たちよりも、夫婦は最も長く、共に暮らしてきたのだから、いずれかを失えば片腕をもぎ取られたような気になる。それゆえに最もつらく、喪失感・孤独感・寂寥感に陥る。つい昨日まで、妻が傍らにいてくれたのに、消えていなくなれば、茫然自失し、何をしていいか分からなくなる。寂しさと悲しさに包まれる。そして、今までの幸せがいっぺんに消え去った気がする。

しばらくして、我にかえり、遺影を眺め、ああしてやればよかった、こうしてやればよかった、もっともっと大事にすべきだった、などと思うが、それはもう後の祭りに過ぎない。

そこで、一般論にかえるが、生前、もし夫婦がお互いを大事にし合い、仲良く円満に暮らしていれば、死別後に生ずる苦しみや後悔は半減するのではなかろうか。

例えば「自分は妻を、または夫を大事にして暮らしてきたつもりだから、それほど思い残すことはない」などと振り返ることができれば、これに超《こ》した追想はないと思うのである。無論、これは夫婦生活を円満に過ごして欲しいと願う私の推測である。

以上が、前書(前篇)の趣旨であるが、次の梗概を述べる前に断っておきたいことがある。それは、本書(後篇)において前書の続きを述べるのに際し、妻の死去後二年目を過ぎたあたりから書き継がねばならないということだった。

妻の死後、二年及び三年目は、まだ苦しさ、つらさなど悲嘆に明け暮れる日々が続く。したがってその心境を引き続き書かざるを得ない。そのような次第で、本書の前半は前書と重複するような心情を述べているので、前書の梗概は、各章ごとの見出しと、簡単な内容の説明だけにさせて頂きたい。

なお、本書（後篇）の最終章の「読者からの手紙」をお読み頂けば、前書の内容を推測するのに役立つと思う。

◎梗　概（あらすじ）

第一章　体験者四人による談話

この章は、夫婦死別の体験について客観性を示すため、私の教え子や同僚の夫人たちから、電話により聞き取った話である。

「1　M君の場合」　かつて、私の教え子だったM君の夫人は、夫（M君）が脳卒中で突然亡くなった。茫然自失した夫人は何をしていいか分からなかった。その翌日、夫の顔写真を部屋中の壁に張りめぐらせ、毎日対面しながら半年以上泣き明かし、悲嘆に暮れたという話。

「2　K氏の場合」　私の同僚K氏は、心臓手術の失敗で急死した。K氏の教え子だった夫人は、かつての恩師だった亡夫への思い出に明け暮れ、泣き明かし、追慕の日々が長く続いたという話。

「3　S夫人の場合」　私の教え子だったS君は、夫人に先立たれ、喪失感と孤独感に沈んだ。近くに住む娘が毎日訪れ、父が母の死を追って自死するのを恐れ、励ましたという話。

「4　T氏の場合」　私の同僚T氏は胃癌で死去した。夫婦仲の良かったT夫人は、葬儀が終って、夫の遺骨をすぐ納骨堂へ納めるのを拒んだ。そして一年間、その遺骨を自分のベッドの枕もとへ置き、亡夫の霊と共に過ごしたという話。

第二章　私の体験

「1　妻の臨終を看取《みと》れなかった悔い」　私は医師から妻の死期を予告され、傍《かたわ》らを離れずにいたが、急用のため病院から片道一〇分ほどの実家へ帰宅中、妻は病状が急変し、息を引きとった。臨終を看取れなかった私がいかに苦しみ、後悔し、亡妻へ許しを乞うたかという話。

「2　葬儀場での弔辞の紹介」　私たちが結婚してから妻が死去するまでの家族生活を紹介したもの。型破りの長文の弔辞だったが、参列者をはじめ、読者の多くが涙を禁じ得なかった（本書の「読者からの手紙」を参照頂きたい）という。

第三章　葬儀を終えて
「1　最もつらく、悲しい思い」　火葬場で、喪主（私）が遺体（亡妻）の焼却開始ボタンを押す時と、灰骨になった姿を見て、火箸でそれを拾い、骨壺へ入れる時の無念のつらさ、悲しみを述べたもの。

「2　『夫婦の別れ「死別」ほどつらいものはない』の追体験」　私自身が亡妻の生前、右記のこの言葉を自らのこととして受け止めず、追体験しなかったことへの猛反省を述べる。

以下は本書でも重複して述べているので、見出しだけを記す。いずれも追慕の場面である。

「3　トイレで、亡妻《つま》を偲ぶ」

「4　外出先から帰った時」　亡き妻を追慕して、短歌には全く素人の私が詠んだ稚拙《ちせつ》な一〇首を掲載。妻の遺《のこ》せし短歌《うた》二首掲載。同人短歌誌『コスモス』に掲載された妻の短歌一二首を選び掲載。

「5　台所で料理する時」

「6　散歩に出かける時」

「7　一日で一番寂しい時」

第四章　夫婦の死別の苦しみは古今東西同じ——ギリシャ神話による「オペラ・オルフェウス」より

あらためて述べておくが、この本書（後篇）を読まれる方は、第四章の「読者からの手紙」を読んで下されば、前書（前篇）の内容を知るうえで大きな手掛かりとなると思う。

目　次

忘れな草は咲くか

——私の死生観——

まえがき

私たちは誰もが皆、一度は通らねばならぬ道がある。いうまでもなく、それは「死への道」である。英語では「Man is mortal」(マン・イズ・モータル＝人間は死すべき運命にある)といわれている。このことは、いわば誰にも共通する普遍的な問題である。

私はこのことも踏まえて、先に『夫婦の別れ[死別]ほどつらいものはない――未体験の夫婦へ伝えたい――』と題する拙著を出版した。私は妻が亡くなって、その衝撃に最も呻吟《しんぎん》していた時だったが、二年目を機に、ある目的(前書参照)から意を決して、執筆したのだった。

それ以降も、私はショックから一向に解放されず、喪失感や孤独感・寂寥感などに苦しみ続けたが、殊に死生について考えることが多くなった。

そこで私は、自分を含め、普通一般の人々が考えると思われる死生観までを書き加え、前書の続篇として本書を完結しようと思った。

二〇一八(平成三〇)年一二月

第一章　忘れな草は咲きそうにないのか

私の知人で鹿児島県指宿《いぶすき》市在住のK夫人は約一年前、夫を癌で亡くされた。私は自分の体験から、夫人が最も苦しみとつらさに明け暮れておられる頃を見計らって、慰めと励ましの言葉を送ってみようと思い、電話した。

すると、夫人は涙ながらに次のように応答された。

上山さん、お気遣いに感謝致します。おっしゃる通り、今が一番つらい時かも知れません。毎日、主人の遺影を眺め、返事のない対話をしながら、泣いてばかりいます。こんなにつらく、悲しいことはありません。

この苦しみはいつまで続くのか分かりませんが、世間では、夫婦の死別のつらさも三年過ぎれば、お墓に「忘れな草」が咲き、自然に薄らいでいくといわれますので、その時を我慢して待つしかありません。

「時がクスリよ」と言って、体験者のお友だちが慰め、励ましてくれます。

上山さんは間もなく、三年目になるのではないかしら。あとしばらく我慢してみて下さい。私も時を待ってみます。

私は涙声で語られたこの話を聞いて「私にも体験者たちが、三年経てば自然に消えていくと教えてくれますが、それも個々人によるのではないでしょうか。いずれにしても、お互い三年が過ぎるのを我慢して待ちましょう」と応え、電話を切った。

私は「忘れな草」という名称は聞いていたが、その時までどんな草花であるのか直接見たことがなかった。そこで早速、書架にある植物図鑑を引き出し、調べることにした。実物のカラーの絵と説明があり、春から夏にかけて青色の花を咲かせる高さ三〇センチほどの草で、ヨーロッパ原産、としてあった。

ヨーロッパ原産とあるので、次に和英辞典で調べると「forget－me－not」(私を忘れないで)という名称である。

私はこの名称を何回も繰り返し読み、大変気に入った。元々の由来が「私を忘れないでね」というのであるから、もっといえば「私をいつまでも忘れないでね」といっているように思えたからである。

気に入った理由はちょうどその頃、私は妻が亡くなって三年目を間近に控えていたが、「忘れな草」は自分には到底咲きそうにないと思っていたからでもある。

人間の感情はどんな悲劇に襲われても、時の経過と共に徐々に薄れていき、やがて平常になるのが一般である。「時が解決してくれる」といわれる所以《ゆえん》であろう。ただ、その人の年齢や性格やその他の諸事情により、一般論で割り切れぬ場合もあると思われる。

私はそんなことを考え、前書(『夫婦の別れ[死別]ほどつらいものはない』)に紹介した四人の死別体験者とその他数名の体験者に「三年以降」の事情を聞いてみることにした。

その中の四名(男女各二名)は、三年経っても平常心は取りもどせず、七年経っても取りもどせなかったと応えた人もおり、残り数名は三年を過ぎて、ようやく心の落ち着きを取りもどせるようになった、と応えてくれた。

私は「人それぞれによりけりだなァ」と思ったが、二ケ月後に亡妻の三年目も迎える自分の場合は「忘れな草」は到底咲きそうに思えず、八六歳という年齢を考えればそれは死ぬ時だろうと思っている。

その理由は後述することとするが、参考までに一般論では割り切れない例を一つだけあげてみよう。

今年(二〇一八年)三月号の月刊誌『新潮45』に特別企画として「妻に先立たれた男の話」という特集がある。

その中の一人に、民放のテレビキャスターで有名な司会者みのもんたさんの談話がある。同氏は苦楽を共にした愛妻を「納骨する気になるまで六年かかった」という。

そして、「七回忌で納骨はしても、女房と一緒だった頃の記憶だけは決して風化させたくないと思っています」と語っている。

私はみのもんたさんの苦悩がよく分かるような気がする。これでは「忘れな草」は三年過ぎても到底、咲いたようには思えない。

「忘れな草」はなぜ咲きそうにないのか。

私はこの理由を約一年前に遡《さかのぼ》り、妻の死後二年目からの体験を述べねばならない。

私は二年後も引き続き、前書で述べた「妻の臨終に立ち会えなかった」ことと「この世ではもう二度と妻に会うことはできない」という、この二つの主要な思いが毎日、脳裏に浮かび、苦悩に打ちひしがれた。

ただ、前者への思いは時が経つにつれてやむを得ぬ事情だったと解釈し、自らを慰め、後悔の念も徐々に薄れていったが、後者への思いは一日たりとも忘れることはできず、それを思うにつけ、苦しみに包まれ、涙に明け暮れた。今でもそれは続いている。

この苦悩（苦しみ）を克服するため、私はいろいろな行動を試みることにした。

1　亡妻の面影を求めて

まず私は、塞《ふさ》ぎ込んだ気分を晴らすため、鹿児島県鹿屋《かのや》市吾平《あいら》町にある吾平山陵《あいらさんりょう》の入口の境内と、そこに隣接する鹿児島県立大隅広域公園へ車で行くことにした。いずれの場所も妻と共にしばしば訪ねた所だったからである。

吾平山陵の境内は、秋には紅葉《もみじ》の木は数本しかないが赤く色づき燃えるようになる頃、そして春には桜が満開になり、桜吹雪が舞い落ちる頃、二人でよく行った。

妻は短歌を趣味にしていたので、これらの風景を「自然詠《しぜんえい》」と称して、好んで詠《よ》んでいた。

一方の大隅広域公園には、妻の気分転換に、公園から望まれる大自然を眺望したり、美しい草花が植えられた「花の広場」を観賞したりするため、山陵の境内を訪ねた時は必ず行くことにした。

妻は病気の後遺症で、体力と足腰が弱っていたので、公園の入り口にある急傾斜の石段を登る時、手摺《てす》りを掴《つか》んで登るのを私は背後から支え、押し上げるようにして平坦な地点まで行くのが常だった。さらにまた「花の広場」まで行くのに、今度は緩《ゆる》やかな石段だったが、それも片手をとらねばならなかった。登りきると、ほっと溜息を吐《は》き、百メートルほど先にある休憩所へ行くことにした。

休憩所は床《ゆか》から、テーブル・椅子・ベンチ・建物の屋根に至るまで、すべて木材が使用されており瀟洒《しょうしゃ》な建物である。

ベンチに腰をおろし、周囲を眺めると緑の山々が迫っており、目前には広い芝生群と「花の広場」の色とりどりの美しい草花が目を楽しませてくれる。

私はこの休憩所で、妻と二人で昼食を共にしたことが何回もあった。

この大隅広域公園は亡妻の面影を求めて訪ねるのに最適の場所だったのである。

私は毎月一回、ある時は二回、平日の午後四時から五時頃にそこを訪ねた。週末でないこの時間帯は人出が少なく、休憩所にほとんど誰もいなかった。家から車で片道二〇分程しかかからなかったので、すぐ行けた。

私は途中、吾平町役場前にある「Aコープ」に立ち寄り、ノンアルコールとツマミを買い、持参した。

いよいよ公園の休憩所に着くと、妻と共に腰掛けたベンチに腰をおろし、亡妻の面影を偲びつつ周囲の自然を見回しながら、ノンアルコールを飲んだ。無論、酔うことはないが、飲み干すと少し酔った気分になった。そこでしばらく過ごした後、私はベンチを離れ外へ出た。そして「花の広場」の近くまで行き、天空を仰ぎ、「母ァちゃーん、この世へもう一度もどってきてくれないか、会いたいよー」と間をおいて数回叫んだ。すると幻影《まぼろし》が空にぼんやり現われるような気がした。しかし、ややあって、それは幻想に過ぎないことに気付き、現実に帰った。ふっと悲しくなり、涙が自然に湧いた。私はとぼとぼとそこを立ち去り、車の中へ入って、ハンカチで涙をふき、心を落ちつかせた。

私はこの行為を振り返り、十分な慰めは得られなかったにしても妻の面影のある公園を訪ねてよかったと思い、これからもまた何度でも訪ねようと思いつつ、帰路についた。そして、この行為を今まで続けている。

本筋から逸《そ》れるが、ここで改めて、県立大隅広域公園について説明し、宣伝らしきことをさせて貰《もら》いたい。

私はこの公園を訪ねるたびごとに「もったいない」と思っている。

なぜかといえば、週末と祭日以外は人出が極めて少なく、閑散としており、公園は来客を待ち望んでいるように思えるからである。

もし、この公園が都市の近郊にあるのなら連日、観光客や利用者たちが大勢訪れて、公園はその機能を十分発揮でき、来場者は大いに満足するだろうと思うからである。

2　鹿児島県立大隅広域公園

ここで改めて、同公園について案内パンフレットを参照して、説明しておきたい。

鹿児島県立大隅広域公園の案内パンフレット

同公園を訪ねると、管理事務所の窓口に、「県立大隅広域公園」と表紙に書いてある案内パンフレットが置いてある。

それを一部貰って開いて見ると、カラー写真で公園内のいろいろな見学場や遊び場などが示され、いずれにも名称が付されており、冒頭に次のような説明文が述べられている。


大隅広域公園は、吾平山陵に隣接し緑に囲まれ、風が心地よく、夜は星が輝き、耳を澄ませば色々な鳥や虫の鳴き声が聞こえてきます。


この説明は同公園の自然環境や雰囲気を見事に表現していると思う。知る者にはその情景が目に見えるように浮んでくる。

管理事務所の所長・坂口義照さんによると、同公園の広さ(面積)は、現在使用されている所だけで四七・二ヘクタールで、東京ドームの約一〇個分に相当するという。

次に公園内の遊び場や見学場などに付された主な名称をいくつかあげてみると「花の広場」「ピクニック広場」「太陽の丘」「歴史の広場」「冒険の谷」「ゴーカー

ト場」「ちびっこ広場」「オートキャンプ場」等々がある。

紙面の都合で他は省略したが、これらの名称と施設の写真を見ると、見学したり行ってみたいという好奇心や意欲や衝動に駆《か》られると思う。

最後に私の感想を簡単に述べておきたい。

この大隅広域公園は、その中心地点ともいえる「花の広場」の周辺から周囲を見回すと、緑の山々や連山に囲まれた大自然の中に浸《つ》かっている気がする。また、同地点から、遠く鹿屋方面へ目を向けると、大隅半島随一の高隈《たかくま》連峰が望まれ、雄大な気に包まれる。耳を澄ませば、遠近の山々からいろいろな鳥の鳴き声が聞こえ静寂さに覆《おお》われている。

大隅広域公園は鹿児島県内で有数の素晴らしい公園である。誰にでも一度は訪ねて欲しい公園である。

管理事務所の方々や公園の清掃と「花の広場」の草花の植え付けや管理に当っている方々は、来客を大歓迎されると思う。

なお、参考までに同公園の所在地を紹介しておこう。

◉大隅広域公園管理事務所
〒八九三―一一〇一　鹿児島県鹿屋《かのや》市吾平《あいら》町上名黒羽子《くろはね》地内
電話：〇九九四―五八―五一九七（代表）
ファックス：〇九九四―五八―五〇八五
E-mail: osumi_park@po.synapse.ne.jp

3　DVDによる映画鑑賞にはまる

「はまる」という言葉は辞典によると俗語であり、漢字では「嵌《は》まる」と書き「のめりこむ」の意とある。例に「趣味の世界にはまる」が用語に出ている。

私は亡妻への思慕を少しの間でも忘却するため、私と同じ境遇にあった友人に、DVDによる映画鑑賞をすすめられ、鑑賞を始めると、やがてそれにすっかり熱中する（はまる）ようになった。

私は家が貧しかったので、学生時代は学資を稼ぐため、連日アルバイトをせねばならず、映画は観る時間も金銭的余裕もほとんどなく、初めから諦めていたのである。ただ、周囲の学生たちが映画の話を持ち出し、批評などするので、羨望だけは抱いていた。

たまたまそんなある時、学友の一人が中河与一原作の『天の夕顔』という映画を「一度観て非常に感動し、三回も観た」と言い、私にもぜひ観るようすすめた。三回も観たという映画に好奇心を抱いた私は、学友のすすめに応じ観ることにした。

主演を演じた男性は誰だったか覚えていないが、大学を卒業したか、しないかの青年だったように思う。その青年が、同じく女性主演の美しい人妻（高峰三枝子）と恋に落ち、密会する場面を見た時、私はそのロマンのシーンに深く感動すると共に羨望した。そして、映画は素晴らしいものだと思った。

ただ、もう一度、今度は洋画を観る機会に恵まれた。それは米国の著名な作家・ヘミングウェイの小説が原作で『誰《た》がために鐘は鳴る』という映画だった。舞台は第二次大戦中、内乱が起こったスペインだった。私が印象に残った場面は、敵の輸送通路である鉄橋を破壊するため勇敢に行動している米国人（主演・ゲーリー・クーパー）と、鉄橋の近くで出会った美人の娘（イングリッド・バーグマン）が恋に落ちる場面だった。月光が明るく照っている岩場で、二人が激しく抱擁し、息詰まるようなキスをするシーンだったが、感動的で深く印象に残った。

私は学生時代、他にも観たものがあったかも知れないが、前記二つの映画だけは観たことを鮮明に覚えている。

それ以降（大学卒業後）も、映画は「金がかかるもの」という思いが念頭にあり、ほとんど観ることもなく、無関心に近い状態で今日まで過ごしてきたのである。

しかし、前述の如く、ＤＶＤによる映画鑑賞をすすめられ、今は時間も金銭的余裕も少しは出てきたので、友人に案内され近くにあるＤＶＤの貸し店舗「ツタヤ」へ行き、借り出しを始め、映画鑑賞を始めたのである。

始めてみると、なかなか面白い。亡妻への思いをしばしの間でも断つためには最適の方法である。鑑賞中は熱中し、没頭できたからである。紙面の都合で多数は紹介できないが、以下にあげる映画は連ドラも含め、私はほとんど観たことがなかったものばかりである。ただ題名だけは周囲の人々の話から聞き覚え、自分も観たいものだと思ってはみたが、実際に観るまではしなかった。映画に少しでも関心のある人なら、大抵の人々が知っていると思うので、逐一、解説は省略させてもらうことにする。

まず私は世間で非常な評判となり、話題を呼んでいたドラマの『男はつらいよ』（山田洋次監督作品）、『おしん』（橋田壽賀子原作）、『冬のソナタ』（ユン・ソクホ監督）等から鑑賞をはじめ、この三作から、知らず知らずのうちに、その内容の面白さや情景・ユーモア・人情の機微、生活の苦楽・悲惨、将来への希望・絶望など、人生のさまざまな場面に遭遇し、引き込まれ、感動・熱中し、やがて「はまる」ようになったのである。

私は妻の死去後、二年目頃からＤＶＤ鑑賞を始めたのだが、一年近くの間に五〇本以上は優《ゆう》に観たと思う。

それらの中には、通俗で観るに値しないもの、戦後の女性解放という美名のもと、セックスを露出したドレスを纏《まと》って演出するもの、戦時中の戦争を賛美したもの、化石のような伝統を潔しとして守り続ける演技もの、等々さまざまの映画があった。

これらの中には、時間つぶしには面白いものや時に感銘深いものもあって熱中したが、全くつまらぬものもあり、失望して時間を損したと思ったこともあった。
数は少ないが、前記の映画から次にあげる映画は、私の趣味や性格に適合したもので、深い感銘と感動を覚え、繰り返し観たものもあり、印象に残ったものばかりである。私は文学に興味を持ってきたので、主として文学関係の作品ばかりである。念のために映画の題名の下の（　）内に原作者名や監督者名などを記入しておく。映画の「通」の人にはジャンルが狭いとか貧弱だとかいわれるかも知れないが、私が貸し出し店舗から借りることができ、鑑賞した範囲内での映画であることを断っておきたい。

◉印象に残った映画一覧

①『二十四の瞳』（壺井栄原作、木下恵介監督）
②『私は貝になりたい』（橋本忍脚本）
③『こゝろ』（夏目漱石原作）
④『伊豆の踊子』（川端康成原作）
⑤『ヴィヨンの妻』（太宰治原作）

⑥『風立ちぬ』（堀辰雄原作）
⑦『武蔵野夫人』（大岡昇平原作）
⑧『潮騒』（三島由紀夫原作）
⑨『忍ぶ川』（三浦哲郎原作）
⑩『氷点』（三浦綾子原作）
⑪『失楽園』（渡辺淳一原作）
⑫『東京物語』（小津安二郎監督・脚本）
⑬『近松物語』（近松門左衛門原作）
⑭『嵐が丘』（エミリー・ブロンテ原作）
⑮『風と共に去りぬ』（マーガレット・ミッチェル原作）
⑯『ロミオとジュリエット』（ウイリアム・シェイクスピア戯曲）
⑰『ローマの休日』（オードリー・ヘプバーン主演）
⑱『アンナ・カレーニナ』（レフ・トルストイ原作）
⑲『誰《た》がために鐘は鳴る』（アーネスト・ヘミングウェイ原作）

以上一九本のＤＶＤをあげたが、これだけ多くの文学作品（まだ他にもあると思うが）が映画として制作・上映されているのに素人の私は全く知らず、驚嘆すると共にその無知を恥じた。そして、映画として上映される必要性と重要性に気付き、認識を深め、納得し、読書とは違う映画の世界に引きずり込まれた。私はこれらの映画のいずれにも人間のさまざまな生きざまを観た。

悲喜こもごもの場面、希望と失望の場面、善悪と闘う場面、利己と利他との相克の場面等々、つまり人間の心の中に潜むあらゆる心理状況を観て、感得し、ストーリーには不必要で退屈と思われる場面もあるが、感動的で感涙する場面が多数あり、映画の持つ迫真性に驚嘆し、学ぶことが多々あり、熱中したのである。

これらのＤＶＤの映画鑑賞に没頭している間は亡妻への思いを忘却できた。

しかし、鑑賞を終ると、すぐ亡妻の遺影に目を向け「母ちゃん、しばらく留守してごめんね。しかし決して母ちゃんを忘れているのではないんだよ。お父さんは、少しの間でも忘れないと身がもたないから映画を観るんだよ。分かってくれるね」と、こんな言葉をかけ、自らを慰めるのを常としてきた。

この映画鑑賞には、今も「はまった」ままであるが、在庫に好みの映画が尽きようとしているので、そろそろ中止せざるを得ないと思う。

4　三年目を間近に控えて

妻は二〇一五年一一月二三日死去したので、あと一ケ月余で三年目を迎える。この間、亡妻への思いは徐々に薄らいできたように思うが、まだ根強く残っており、どうしても吹っ切れずにいる。

私は習慣から、毎朝、大抵午前五時に起き、ポットで湯を沸かし、お茶を飲み、新聞に目を通し、午前五時半頃から散歩に出かける。ストック(杖)を両手に約三〇分ほど歩くが、一〇分ほど行った所に信号機のない交差点がある。車も人気《ひとけ》もほとんどない時間帯であるが、私は左右を十分確認して道路を渡る。渡り終った地点に、歩行者用の目印と思われる横断舗道の幅広い白線が引いてある。毎朝のことだが、私はその白線を踏むと同時に、亡妻を思い浮かべ、天空を仰ぎ「母ちゃんは今、どうしているだろうか。空を一人で彷徨《さまよ》っていないだろうか。会いたいよー」と、小声で独りごち、ありし日の妻の姿をイメージし、空想しながら歩く。さらに五分ほど歩き、左折すると亡妻の納骨堂のある明照寺の方角に向かう。すると、とっさに亡妻へのさまざまな想念が浮かんでくる。

道路にも周囲にも誰もいないので、私は声を出して独りごちたり、黙して考えたりしながら進む。

「母ちゃんは今、どうしているだろうか。あの世のことは分からないからなァ。息を引き取る時、傍《そば》にいてやれなかったのが、一番悔まれてならないよ。母ちゃん、ごめん、ごめん、許してね」

妻は臨終の時、私が傍にいなかったのを、どんなに寂しがったろうか、と思う時、涙が自然に溢れる。年を取り涙もろくなったせいだろうか。私は急いでポケットからハンカチを取り出し、涙をふき、歩き出す。

また想像する。人は死ぬ時、瞬時に生涯の出来事を思い浮かべると聞いたことがあるが、妻もそうだったろうか。とすると、夫・子供・孫・親・兄弟・姉妹のことを思い出したに違いないなァと、妻が想起したろうことを勝手に想像してみる。

そんなことを思いながら、さらに五分ほど歩いた地点で足をとめる。そこは明照寺に一番近く、見通しのきく所だからだ。

私はそこから明照寺に向かって、「母ちゃん、おはよう。今、どうしているね？今日は会いに行くよ。待っていなさいね」と挨拶する。

（ちなみに、妻の死後二年間は毎日、焼香のため訪ねたが、それ以後は一日置きに行くことにしている）

挨拶の後、歩き出しながら、また考える。もし、あの世で亡妻と会えるものなら、妻の死後二年乃至三年間近く苦しみ・悲しみ・つらかったことをすべて話して、妻に分かってもらい、共有したいものだと。無論、この苦悩はまだ続くと思うが、「夫婦の別れ［死別］ほどつらいものはない」といわれる通り、体験してみると言語に絶するのだ。後追いをする人もいる程だから。

数分歩くと、散歩道を一周して、先と同じ道路で、やはり信号機のない一ブロック東の交差点に達する。私はそこから左折したり、直行したりして帰宅するが、半々程度の割合いだろうか。

真直ぐに一ブロック行った所に信号機のない交差点がある。私はその道路を横断したあたりに来ると、決まって妻と散歩がてら買い物に行ったことを思い出す。買い物先は、そこから東へ数百メートル程行った「しまむら」という衣類専門の大きな店である。来客も比較的多い。

私は妻が衣類選択をする後をついて回るのがいつもの仕事だった。品定めに時間が掛かる時がしばしばあったが、あまりに長過ぎる時は「早くしなさい」と急《せ》き立てた。そんな時は自分では買いたかったろう物は買わずに、私と自らの肌着や靴下のような金目のかからぬ品物を買って、私に服従した。

私は生前の妻とのこのような買い物状景を思い浮かべ、あの時もっと我慢して、妻が気に入った衣類を買わせればよかったなどと思い、ひどく後悔し「ごめんよ、母ちゃん、僕が悪かった」と独りごちて、顔も曇らせ家路へ足を運ぶ。帰り着くまで、道すがら亡妻を偲ぶ時間になっている。

玄関のドアを開け、「母ちゃん、ただ今、散歩から帰ってきたよ」と声を掛けるが、無論、返事はない。居間へ入って電灯を灯し、遺影に向かって「母ちゃん、ただ今、散歩から帰ったよ」と、念を押すが、なんの応答もない。たまりかねて「一言ぐらい返事してよ」と訴えるように声をかけるが、沈黙したままである。

「やはり、母ちゃんは、もうこの世にいないんだ」と思い、諦めることにする。が、何か尾を引いているように思えてならず、再び遺影を眺めると悲しみがこみ上げ、落涙せざるを得ない。

このような心情では三年経っても「忘れな草」は到底咲きそうにない。

第二章　最も集中的に亡妻を思い出す時と場所

先にも少し述べたが、いわばこの自伝的手記は、妻の死後二年目から書き継ぐものので、私がまだ苦しみと悲しみに打ち拉《ひし》がれていた時である。その時から今までの心情を書き綴るので、そのつもりで読んでもらいたい。そしてこの手記は、主に対象とする未体験の夫婦が参考にして頂くことを念頭におくので、自分の体験を克明に記したいと思う。

1　台所で料理をする時

私は前述の早朝散歩から帰宅すると、飲みさしのお茶を飲み、数分もせぬうちに、息子と二人分の味噌汁を用意しなければならない。そこで、台所へ行き、小鍋・俎《まな》板《いた》・包丁・その他準備に必要なものを出すと、それはすべて妻が使用したものばかりである。それらを見たり使ったりすると、ありし日の妻の姿が浮かんでくるのである。

コンロ台の引き出しの中には、妻が使用した砂糖・食塩・味付け・ビニール袋・台ふき・鋏等々が、そのまま残されている。それらの品物を見たり使ったりすると、妻のことを思い出さずにはおれない。亡妻を偲ばせるものばかりであるからだ。

私は亡妻の生前、味噌汁だけは自分で作っていたので、具や味付けの使用程度は分かっている。しかし、妻の死後、それ以外の食べ物を作る必要に迫られた。そこで、一〜二回妻に教わった気もするが、見よう見まねで、不十分ながらカレーとスキヤキだけは作れるようになった。ただ、この二品を作る時、食材や調味料に何を使い、どの程度使用すればいいのか分からない時がよくある。そんな時「妻が生きていてくれれば聞くんだがなァ」と決まって思い、残念に思う。仕方なく、うろ覚えに記憶していた食材を使い、調味料は「サシスセソ」の順に使えと教えられたのを覚えていたので、砂糖・塩・酢・醤油・味噌の順に使って、適当に作る。

出来上ったものを試食するとまんざらでもない。一人で食べながら、自分で作ったのもうまいと自画自賛して食べる。仕事から帰宅した息子もうまいといって食べてくれる。

妻の死後、日常の食べ物はここまではこぎつけたが、これ以外の料理は妻がいないので教わることもできず残念でならない。

前書にも書いたが、妻の料理で一番私の記憶に残っているものは、晩酌の酒肴《しゅこう》に作ってくれた新鮮な魚の「サシミ」である。

妻は刺身料理をする時、いつも口癖のように「昔とった杵柄《きねづか》よ」（昔きたえて腕に自信のあること）と誇らし気に言っていた。今、あの「サシミ」ほど美味しく、酒肴に適したものはなかったと思う。と同時に、妻のあの誇らし気な言葉も永久に聞けず、うまい「サシミ」も永久に食べられなくなったと思う。そう思うと悲しみが込み上げてきて、涙を滲《にじ》ませずにはおれない。

また、台所仕事のほとんどすべてを妻にまかせてきたことを反省せざるを得ないことに、食事の後始末の時がそうである。

私は、どこも同様だと思うが、朝食の準備が出来た時、まず最初に仏壇の亡妻へ御飯とお茶を供える。その時、亡妻が生前、食が細かったので、写真に向かって「母ちゃん、全部食べ、全部飲んで、元気になってよ」と、決まって声をかける。そして、写真をじっと眺め「会いたいよー」とも、しばしば言っている。そんな時も自然に涙が滲んでしまう。

2　トイレ・その他の場所で亡妻を偲ぶ

戦前・戦後、日本の経済がまだ高度成長期に達していない頃までは、便所（トイレ）といえば不潔で、臭く、汚い所と思われていた。しかし、今は周知の通り、公衆便所も一般家庭のものも、大抵は水洗便所になっており、ほとんど不潔感がない。したがって、トイレで考えごとをしても、何のはばかりを感じることはない。

次のことは、前書でも少し書いたが、続きと思って読んでもらいたい。

私はトイレに入り、便器に腰をおろし、まず面前の壁に吊《つ》るしたカレンダーを見る。それから、妻が亡くなった「二三日」を探し、あと何ケ月で三年目になるかを勘定してきた。いよいよ三年目が間近に迫ったが、それまでトイレで毎日、亡妻を偲んだ。思いが最後に行き着くのは、決まって「もう二度と妻にこの世で会うことはできないのだ」ということだった。その時、私は咄嗟《とっさ》に「母ちゃんに会いたい！」と小声で叫ぶこともよくあった。

この考えほどつらいものは世のどこにもない。私は妻の死後二年余りは、この思いに捕われ泣きじゃくった。今はそれほどではないが、それでもまだ涙が滲むことしばしである。

知人の僧侶が「人生において夫婦の死別は最大の苦しみです」と教え、諭してくれたことが実感として迫ってくる。

私が前書で「夫婦の別れ［死別］ほどつらいものはない」という言葉を題名とし、未体験の夫婦へ、この言葉を自らのこととして捉《とら》え、考え、想像し、追体験して欲しいと訴え、さらに、この言葉を少しでも理解するなら、夫婦が今まで以上、お互いを大事にし、協力し合って円満に暮らせるに違いない、と書いた所以《ゆえん》である。私はこのことを繰り返し述べ、忠告のごとく訴えた。

告白めいて恥じ入るが、実は私自身、この言葉を他人事《ひとごと》のように思い、関心を寄せなかったため、妻に先立たれ、苦しみ、後悔した結果、得られた教訓だからである。

さて、私はトイレで居たたまれなくなり、外へ出ると、決まって庭園を眺める。妻がいないことは分かっていてもである。やはり妻の姿はない。そこで「妻の姿はもう永遠にこの庭園に現れないのだ」と思う。その時、また悲しみが込み上げてくる。

次に外出と帰宅の場合を述べさせてもらう。

私は外出する時、妻の遺影と仏壇の写真に向かって、用件を述べたあと、「今から出てくるから、寂しかろうけど一人でじっとしていなさいよ。早く帰ってくるから」と告げて外へ出る。その時、後ろ髪を引かれる思いをすることもたまにある。

外出先から帰宅し、車庫から出て玄関まで歩く間、私は「母ちゃんが居ない家には帰りたくない」と繰り返し独りごちる。玄関のドアを開けると、いつもの習慣から「母ちゃん、ただ今」と言う。無論、「お帰り」の返事はない。

居間の遺影に向かって、「ただ今、買い物から帰ったよ」とか、「納骨堂から帰ったよ」と言っても、何の応答もない。

そんな時、私はまた決まって、「母ちゃんが居なければなんの喜びもないではないか。どうすればいいのよ」と訴え、問うてみる。遣《や》る瀬ない気持に包まれ、希望を失ってしまうが、どうしようも無く、諦める以外にない。こんな時も、苦しく、つらい。

3　亡妻の眠る納骨堂

私は亡妻の慰霊のため焼香すべく納骨堂を、死後二年間は毎日訪ねた。それ以降は一日置きにしている。車で往復一〇数分程度の所にあるので、行くのは容易である。

行くのは気休めのためであり、予定している日に行かねば落ち着かない。

納骨堂には百基ほど納めてあるという。室内はかなり広く、昼間でも暗い。目的のない人には恐怖心を呼び覚ますような暗さであるが、私は亡妻がいると思うので、なんの恐さもない。それでも入口のドアを開け、電源のスイッチを押すと、室内がぱっと明るくなるのでほっとする。

スリッパを履いて亡妻の所へ歩を進めながら、「母ちゃん、会いに来たよ」と言い、行き着くと、まず骨室の上部の中に置いている写真を覗き込み「昨日、今日はどうしていたね？　いつも暗い所に一人いて寂しいでしょうが……お父さんが来るのが待ち遠しくなかったかね？」と大方聞くのを常としている。それから、二日間の出来事や噂話を話して聞かせる。帰り間際に、「まだ、ここに一緒にいたいけどね。予定の仕事が沢山あるから、もう帰るよ。寂しかろうが我慢して。またお父さんが来るのを待っていなさいよ」などと言って帰るが、この時もよく後髪を引かれる思いをする。

4　抒情歌「故郷《ふるさと》」に突然出会って

私は妻の遺言により、葬儀は家族葬にするつもりでいた。しかし、私たちの知人が多かったためか、予想を上まわる弔問客に参列頂いた。

私は葬儀が一通り終り、弔辞も読み終った後、参列者たちの前で、亡妻の葬送曲に「故郷」を歌おうと、咄嗟《とっさ》に思いつき、この曲を合唱して、送ってもらうことにした。

「故郷」は、生前、妻と二人でよく歌った曲であり、また大勢の人々にも愛唱されている抒情歌でもあると思ったからでもあろう。

そこで、私は自ら指揮を執ることにし、兄弟・姉妹たちを前列へ集め、参列者たちに簡単な理由説明をし、「故郷」を合唱してもらった。

この選曲をしたことを不審に思った人もいたかも知れないし、また厳粛な場でもあったので、歌い終った時、拍手は起こらなかったが私はその時、自分勝手に「故郷」を選んでよかったと思った。

しかし、後日、思いもよらずこの選曲は私に亡妻を偲ばせ、悲しませる結果になってしまったのである。

私は車のCDプレーヤーの所にいろいろな懐メロの入ったCDを入れ、抒情歌を楽しみながら運転をしている。

妻の死後、三年目を半月後に控えた先日、「故郷」の入ったCDを、たまたま車につけていたらしい。買い物から家に近づいた時、突然「故郷」が流れてきた。私はこの歌を敢《あ》えて聴きながら車庫まで入り、外の庭に出た途端、涙がどっと溢れた。私は「故郷」を聴いている間、亡妻の葬儀の場面を、さまざま思い浮かべ、悲しみとつらさがこみ上げてきたのである。

いつものごとく、玄関のドアを開け「母ちゃん、ただ今」と言い、急いで居間へ入り、遺影に向かって、私は涙ながらに「母ちゃん、もう一度、この世に出てきてくれないか、会いたい！　一度でいいから会ってくれ！」と誰かまわず叫び、椅子に座り込み、「どうすればいいのよ、分からないではないか、母ちゃんが居なければ生きる気はしないよ」と哀願するごとく訴えた。

三年目を間近に、まだこのような出来事に遭遇している。

ちなみに、その時は「故郷」は二番を飛ばし、一・三番だけ歌ったが、ここに全部の歌詞を転記するので、改めて読み、歌いたい人は歌ってください。

高野辰之 作詞
岡野貞一 作曲

故《ふる》郷《さと》

一、兎追いし　彼《か》の山
小鮒《こぶな》釣りし　彼《か》の川

夢は今も　巡《めぐ》りて
忘れ難《がた》き　故郷

二、如何《いか》に在《い》ます　父母《ちちはは》
恙無《つつがな》しや　友《とも》がき
雨に風に　つけても
思い出《い》づる　故郷

三、志《こころざし》を　果《は》たして
いつの日にか　帰らん
山は青き　故郷
水は清き　故郷

いつ、何時《なんどき》、読み、歌っても故郷を思い浮かべ、父母の安否を気遣う素晴らしい抒情歌だと思う。

細かなことだが「故郷」同様、前書でも述べなかったことを書くことにする。

私は毎月二回、妻を病状検診のため、さる病院へ連れて行っていた。家を出る時、車を車庫からバックさせ、門を出て道路で待つ間、妻は動作が鈍く、いつものろのろ乗車していた。私はそんな時、「早くしなさいよ、待たせないでくれよ」と半ば反射的に怒り気味で言っていたが、車の後ろに他人の車がやってきて、待っている時など、持ち前の短気が爆発し、「早くしろよ、他人《ひと》の車が待っているではないか！」と怒鳴った。

今、買い物に行く時、その時のことを思い出し、心臓病気味の妻に、あれほどの短気を出して怒らねばよかった、と反省し、後悔することがよくある。

病院へ行く時は、便宜上、往路は直近を右折して行く道を選んだが、帰路は別な道を通っていた。今、私は週に二～三回買い物に行くが、この帰路を通らねばならない。

病妻を病院から連れ帰った道だから、買い物から帰る時、決まって思うことがある。それは、今も車の後部座席に妻がいるような気がしてならないことだ。そこで私は、毎回のごとく、運転席から後ろを振り向くようにして、「母ちゃん、気分はどうか？　血圧は高くはなかったか？」などと声をかける。返事はなくても数回かける。やはり返事は返ってこない。ふと我にかえり、「母ちゃんは、もうこの世にはいなかったんだなァ」と思う。その時も、悲しみが込み上げてくる。

私は決して、くよくよ言うつもりはないが、亡妻のことをいろいろ思い出すと際限がないのだ。

話を冒頭にもどすが、ここまで書き進めていた時の夕方、一人で晩酌をしながら、CDで芹洋子の歌集の懐メロを聴くと、最初に「四季の歌」が流れてきた。メロディーも歌詞も好きで、美しい声に陶酔。次の曲を聴くと「故郷」「いい日旅立ち」「涙そうそう」「月の砂漠」「埴生の宿」など、いずれも好きな曲が歌われ、そしてその次になんと「忘れな草をあたなに」(木下龍太郎作詞、江口浩司作曲)というのがあるのだ。私はその時まで、メロディーは聴いてはいたが、曲名は何であるか知らなかった。そこで歌われる歌詞を入念に聴いていると一番目に、

別れても　別れても
心の奥に　いつまでも　いつまでも

憶えておいて　欲しいから
幸せ祈る　言葉に換えて
忘れな草を　あなたに　あなたに

とあり、私はそこでCDを一旦中止し、もう一度聴きなおし、手もとのボールペンでノートに書きとめた。そして亡妻の遺影に向かって、「母ちゃん、聴いているか、忘れな草だよ。僕はいつまでも母ちゃんのことは忘れないよ、忘れることができないんだよ」と言い、悲しみが込み上げるのを抑えつつ、次を聴くことにした。

改めて思うに、「忘れな草」は、死別を問わず、別れる愛人に「私のことを、心の奥にいつまでも憶えておいて欲しい」と願って歌った草花にちなんだ曲であろうと思った。

一方、私はこの「忘れな草」に係わって指宿市在住で夫を亡くされたK夫人から「夫婦の死別のつらさも三年過ぎればお墓に忘れな草が咲き、自然に薄らいでいく」という話を聞いたことを思い出し、なぜそのようにいわれているのかを考えてみた。

思うに、夫婦の死別の苦しさも、三年間も過ぎれば自然に忘れられ、時が解決してくれるということで、もしそうでなければ、鬱病《うつびょう》のごとき精神疾患にでも罹《かか》るのを憂慮して、そういったのではなかろうか。

世間では、夫婦の間で、もし自分が先に死んだらいつまでも一人でいないで再婚してください、などという話を耳にするが、三年経てば「忘れな草」も咲くと日本人的に解釈して言ったのではなかろうか。

もしそうだとすれば、この俗諺《ぞくげん》を一蹴することはできず、私たちの人間感情をうまく言い当てたことになるのではないか。

考えをうまく表現できないが、私はこのように考え、肯定的に受けとめることにした。

5　テレビと音楽鑑賞に熱中する

前書でも述べたので、できるだけ簡単にするが、テレビと音楽鑑賞は亡妻のことを、しばし忘れるのに適当な方法である。

私は毎朝、新聞を見る時、朝日新聞は「天声人語」、南日本新聞は「南風録」を読み、次にいずれも「社説」を読む。その次に「おくやみ欄」を覗《のぞ》き、最後にテレビ番組を見てその日の夕方から夜にかけ、観たい番組に赤ボールペンで○印をしておく。ニュースは昼間に民放とＮＨＫで観る。

次に、私が最近(二〇一八年十月一～七日までの間)観るテレビの一例として、月曜日から日曜日までの番組の名称を具体的に記載するので、私の趣味や傾向などをお察し頂ければと思う。(時間は午後を示す)

月曜日　ＮＨＫＢＳ＝六時より「街歩き、芸術家が愛した緑のロンドン」。ＢＳ日テレ＝七時より「ＢＳ日本・こころの歌」、九時より「恋するクラシック」

火曜日　ＢＳ朝日＝七時より「京都ぶらり歴史探訪」(以下略)。ＮＨＫＢＳ＝八時より「街歩き選・初夏の花があふれるモスクワボリショイ劇場の裏側」

水曜日　ＮＨＫＢＳ＝七時より「こころ旅・火野正平！　五能線の旅！　絶景岬！」、八時より「偉人たちの健康診断選・天才絵師・北斎のずぼらオナラ健康法」

木曜日　ＢＳ日テレ＝八時より「大人のヨーロッパ街歩き、オランダ」。ＮＨＫ

ＢＳ＝九時より「ザ・プロファイラーシェークスピア、天才作家の悲劇・岡田准一」

金曜日　ＢＳテレ東＝七時より「昭和は輝いていたＳＰ故郷こころの歌第5弾、郷愁さそう〝島の歌〟」（以下略）

土曜日　ＢＳテレ東＝六時三〇分より「やっぱり土曜は寅さん、男はつらいよ」（以下略）。ＭＢＣ南日本＝九時より「世界ふしぎ発見」（以下略）

日曜日　ＮＨＫテレビ＝八時より「西郷どん」。ＮＨＫＥテレ＝九時より「クラシック音楽館」Ｎ響演奏による。（以下略）

鑑賞時間は大抵一時間から二時間ものである。

以上、私が観るテレビ番組の具体例を示したが、私が最も好奇心を抱くのは、未だ直接行ったこともみたこともない北欧の大自然やイギリス・フランス・イタリア・スペインなどの中世以陵の街並みの風景である。

これらの報道番組を観ていると驚嘆し没頭し、時の経過も忘れてしまう。ただ、亡妻に見せたい風景が出てくると、遺影に向かって「母ちゃんへ観せてやりたいなァ！」と呟《つぶや》く。

次の音楽鑑賞であるが、私は鹿児島大学で「フロイデコール」という男声合唱団へ所属していたことからクラシック音楽に親しんできた。今でも大きな趣味の一つはクラシック音楽を聴くことである。

ここでも、具体例を紹介させて頂こうと思い、野呂信次郎著『名曲物語』(社会思想社刊、現代教養文庫)を参考に、まず同書にあげられている作曲家の数をかぞえてみた。私たちがクラシック音楽で、通常、親しみ始めるバロック音楽の代表者の一人ヴィヴァルディ(「四季」で有名)から、現代音楽作曲家の一人で有名なショスタコヴィチあたりまで、実に五三名もいる。

この中から、私は紙面の都合で一〇名の好きな作曲家とその人の一曲だけを選び、紹介しようと思ったが、それは至難の業であったけれど、あと一人、欠かせぬ作曲家もあり、結局十一名にすることにした。

以下の曲は私がしばしば聴き、感動し、陶酔するものばかりである。

①モーツァルト＝交響曲「第二五番」

②ベートーヴェン＝交響曲「第六番」(田園)

③シューベルト＝歌曲集「冬の旅」
④メンデルスゾーン＝「ヴァイオリン協奏曲」
⑤ショパン＝ワルツ「別れの曲」
⑥ブラームス＝交響曲「第四番」
⑦チャイコフスキー＝交響曲「第六番」（悲愴）
⑧グリーグ＝組曲「ペール・ギュント」
⑨ドヴォルザーク＝交響曲「第九番」（新世界より）
⑩マーラー＝交響曲「第一番」（巨人）
⑪シベリウス＝交響詩「フィンランディア」

クラシック音楽の次に聴く歌は、明治時代から文部省唱歌として歌い継がれてきた世界各国の民謡等である。私にとっては「懐メロ」になっている。

例えば「カチューシャ」や「ステンカラージン」などロシア民謡をはじめ、アメリカ民謡の「峠の我が家」、フォスター作曲の「オールド・ブラック・ジョー」「ケンタッキーの我が家」、ドイツ民謡「故郷を離るる歌」、アイルランド民謡「庭の千草」、スコットランド民謡「故郷の空」、スペイン民謡「追憶」、その他数えればきりがないので省略する。日本のものでは「早春賦」や「故郷」等がある。

以上紹介してきたクラシック音楽と世界各国の民謡等を、私は先に具体例として紹介したテレビ番組の報道・放映を観た後やその合間に聴くことにした。紹介したクラシック曲の全部は聴けなかったにしても大部分は聴くことができた。意図して聴くと、結構聴けるものである。

音楽鑑賞も夢中になると、亡妻への思いを忘れ去ることができる。ただ生前、妻と共に聴いたり歌ったりした曲やメロディーが出てくると、遺影に向かって「母ちゃん聴いているか。冬の旅の〝菩提樹〟と次の〝あふるる涙〟だよ」とか「母ちゃんが好きだった〝早春賦〟が出てくるから聴きなさいよ」などと声をかけた。

このように私はテレビと音楽鑑賞で、亡妻への思慕を克服するのに努めた。亡妻への思いを忘却するために最も役立つのは、この本書『忘れな草は咲くか』を書くことであった。

私の友人で、以前、中学校でカウンセリングを担当し、今は心理学を研究しているF君が「夫婦の死別や失恋などのショックによる苦しみや悲しみを癒やす効果的な方法は、日記や原稿を書くことだ」と教え、薦《すす》めてくれた。私は友人のこの提言に全く同感・同意した。なぜかといえば、私はその時まで、妻との死別による衝撃の苦しみ・悲しみ・つらさを書き綴っており、文章表現に熱中すると苦悩を忘れた。そして、衝撃に係わるさまざまな感情を表白すると、救われた気になったからである。

何よりも私が、癒やされたと思うことは、この原稿を書き終り、出版できれば亡妻への供養になると思ったことである。

第三章　私の死生観について

「死生観」などと銘打てば、いかにも重い課題に思えるが、私は自分自身を含め、一般の人々が生と死について考えると思われるようなことを述べるつもりである。

私は三年前、妻の死に直面し、その衝撃でしばらくの期間、人生について考えることなど全くできなかった。しかし、心が落ちつくようになって以来、生死について考え始め、別《わ》けても、死について考えることが多くなった。哲学的にいえば、それまで「人生いかに生きるべきか」については問い続け、私なりに対処してきた。しかし「いかに死ぬべきか」という問いに対してはほとんど向き合ってこなかった。

いま思うに、この問いに対しても、死は不可避的なのだから誰もが少なくとも五〇歳頃までには向き合ってみるべき課題ではなかろうか。

それは、このことに関して次の二人のことを思い出し、考えることがあるからである。

一人は私の父のことである。父は八二歳で亡くなったが、八〇歳を過ぎてもなお「この娑婆《しゃば》(この世)から去りたくない」と口癖のように言っていた。私はこの言葉に、死への恐怖や生への執着は感じても「いかに死ぬべきか」という父の問いかけは微塵《みじん》も感じなかった。

もう一人は、一〇五歳で亡くなられた聖路加国際病院名誉院長で、かの有名な医師の日野原重明先生である。日野原医師は無数の患者を診察し、臨終にある患者も数知れぬほど看取られたことは、同氏の数々の著書に書いておられる。そして同氏は「人はいかに死ぬべきか」への問いにも真剣に向き合い、この人なりの考えは十分持ち合わせておられた、と思う。ところが、その日野原医師の聞き書きをした輪嶋東太郎氏の「一〇五歳になられた日野原先生、死ぬのはこわくないのですか」という質問に対して、「恐ろしい……。あなたにそう聞かれただけで恐ろしい……足がすくむような思いがします」(『生きていくあなたへ』幻冬舎刊)と告白しておられた。

私はこの告白を聞いた時、日野原医師といえども、我々一般の人々と同様、死は恐いのだなァ、これは人情というものだろう、と思うと同時に、同氏の生への限りない執着を感じずにはおれなかった。

この言葉(告白)だけから判断すれば、そこには私の父同様、「いかに死ぬべきか」への問いかけはほとんど見い出せなかった。

そこで思うことだが、この二人のことから判断するのは危険だとは思うが、一般の人々で、無論、私を含め「いかに死ぬべきか」を問う人は少ないのではなかろうか。そのような推測をし、私はこの問いに対しても、「誰もが向き合うべき課題ではなかろうか」と提起した次第である。

無論、哲学者や宗教家、その他、死生について真剣に問い詰めた人々は、少なくないと思う。「俺は死ぬ時の覚悟はできているぞ」などという話を時に耳にするほどであるから……。

ここで、冒頭、問題提起した理由について、もう少し追加しておきたい。

私は妻の死去後、死について考えるようになってから、死生に関する本を数冊読んでみた。

その中に『哲学のすすめ』(筑摩書房刊)という日本の著名な哲学者一〇名による編著があった。その編者の一人の梅原猛氏が「哲学と生死の問題」という見出しの冒頭で「哲学の問いは生死の問いである。いかに生きるべきか、いかに死ぬべきか、それが哲学が、最初に問うとともに、最後に問うべき問いである」と述べておられた。

同氏は引き続き、この問いを説明するにあたって、ソクラテスとイエス・キリストをあげ、二人の死にざまや思想・行動等を詳細に述べておられた。私はこれを読み、参考にすべき教訓が多くあるのを知った。そして、それまで、哲学書や宗教書をほとんど読まなかったことを後悔し残念に思うと共に反省を強いられた。

もし自分が、哲学・宗教の本を読んでいれば、「いかに死ぬべきか」への問いかけも、妻の死去以前からしたのではないか、と思ったからである。このようなことも含め問題提起をした次第である。

お気付きになった方もあると思うが、私が「いかに死ぬべきか」の問いに、初めて出合ったのは梅原猛氏の哲学の定義においてであり、その時私は、この問いに果たしてどれだけの人が向き合っているだろうかと疑問に思ったことも加えて推測したことを追記しておきたい。

なお、断っておくが、何も本を読まなくても、生と死に真剣に向き合った人は、「いかに死ぬべきか」に目を向けたと思う。

1 「いかに死ぬべきか」に向き合って

私は自分の「死生観」を、かの有名な哲学者ソクラテスの「霊魂不滅」の思想に最も大きく依拠《いきょ》している。そこで、その理由を説明する前に、この哲学者についての簡単な紹介をしておかねばなるまい。

ソクラテス（紀元前四六九〜三九九年）は周知の通り、古代ギリシャのアテナイに生れた人で、哲学の元祖と目される人である。彼は弟子の第一人者といわれるプラトンにより『ソクラテスの弁明』『クリトン』『パイドン』などの作品（対話篇）で、その足跡を伝えられているが、自らの著作はない。

ソクラテスは「哲学者は知恵を愛する者」だといい「無知の知」を唱えたことで有名である。彼はアテナイの法廷で、その思想と行動ゆえに死刑を宣告された時、自らの振舞いの正しさを堂々と弁明したが、宣告は覆《くつがえ》されなかった。親友クリトンが逃亡をすすめたがそれを断り、悪よりも死を選び、悠々として魂の不死（不滅）を証明し、毒をあおいで死んだ。

ソクラテスの紹介として、この辺りまでは一通り知っていたが、先の梅原猛氏の叙述の中に「彼の死場所に居合わせた弟子たちの一人パイドンは『ソクラテスは死の間際、あたかもどこかよい所へ行くような態度であった』と述べたという」とあった。そこで私は、手もとに用意していた『パイドン』(岩田靖夫訳・岩波文庫)を急遽《きゅうきょ》、読んでみることにした。

この書も対話形式で述べられているが二八頁まで読んだ時、次の言葉に出合った。

哲学者は死を恐れない。死とは魂と肉体との分離であり、哲学者は魂そのものになること、すなわち、死ぬことの練習をしている者であるのだから。

私はこの文章で「哲学者は死を恐れない」とか「死ぬことの練習をしている」などといった表現に出合って、驚愕《きょうがく》し、これは一体いかなることを意味するのか納得できず、急いで、先を読み進むことにした。すると三八頁の所に、その内容と理由が述べられていた。長くなるが、参考になると思うので引用させてもらう。

正しく哲学している人々は死ぬことの練習をしているのだ。そして、死んでいることは、かれらにとっては、誰にもまして、少しも恐ろしくないのである。

（中略）あの世へ着けば、一方では、生涯を通して憧れつづけてきたもの、知恵、を得るという希望があり、他方では、争いつづけてきたものと一緒にいることから解放されるというのに、あの世へ行くのを喜ばないなんて。（中略）相手が人間ならば、恋人や妻や息子たちが死んだときに、かれらの後を追って喜んでハデスの国（注・死後の世界）へ行こうとした人々は沢山いる。それは、あの世でかれらが熱望していた者たちに会って一緒になれる、という希望に導かれていたからだ。

私はこの引用文を読み、「死は恐くない」という意味は納得できたが、「死ぬ練習をしている」という意味は、いぜん曖昧模糊《あいまいもこ》として残った。ただ、この書を読了して、私の死生観に大きな影響を与えてくれた「霊魂不滅」の思想はほぼ理解できたように思う。

この「霊魂不滅」論を、私の理解する範囲内で、具体的に説明してみよう。

ソクラテスは人間が死ぬ時、魂と肉体は分離し、魂は永遠に生き延びるのだという。つまり、肉体は朽ち果てて消滅するが、魂は死ぬことなく、永遠に生き延び、ハデスの国(死後の世界)で、愛する人々をはじめ正義や知を探求する同志たちと出会い、一緒に暮らせるというのである。極言すれば「ハデスの国」(死後の世界＝あの世)は、まるで楽園のようにさえ思える。

パイドンが、「ソクラテスは死に臨んで、あたかも、どこかよい所へ行くような態度だった」と述べたというのは十分うなずける話である。

以下、私は日常生活で、考えたり体験したことについて述べることにする。すでに述べたことと重複する部分も出てくると思うが、総括することなのでご了解願いたい。

2 「死は恐い」という考え方

まず、死は誰にも訪れる不可避的な事実であることを念頭におきたい。そこで、「死は恐い」という考えから始めてみよう。

臨終の時、つまり死ぬ時の「覚悟」ができている人は別として、そうでない人なら誰でも死は恐いと思うであろう。

私の念頭に浮かぶ死は、今まで生きてきた世界(あらゆる生活環境)が、一瞬にして目前から消え去り、暗黒の世界へ連れ去られるようなものである。別言すれば、死は未来へのすべての夢や希望・理想など、幸福追求への喜びを奪い去り、「無」にする。加えて、死後の世界(あの世)のことは一切分からない。無論、伝えてくれる人も誰もいない。すべてがおしまいである。

このような未知の世界へ行くのを恐れない人がいるだろうか。誰もいないと思う。

私は妻が死去する以前、今、述べたような思いで死を恐れてきた。しかし、妻が亡くなって以来、死について考えるようになってから、ソクラテスの「霊魂不滅」の思想が述べられている『パイドン』を読むに至って、先の考えが徐々に変わっていった。

具体的に述べると、私は妻の死後二年目頃から、亡妻の面影を求めて、吾平山陵の境内とそこに隣接する大隅広域公園へ、毎月一〜二回訪ねるようになった。この二ケ所は、亡妻が存命中、二人でしばしば訪ねた所で、弁当など持参して昼食を共にした所でもある。

面影といえば霊魂のようなもので、吾平山陵の境内へ行くと、紅葉の木の周辺で亡妻の霊魂が浮遊しているように思えたり、すぐ近くを流れる川面に群がる緋鯉《ひごい》や真鯉《まごい》を、石段に腰を下し熱心に観察していたありし日の妻の姿が、霊魂のごとき幻となって目に映るように思えた。

大隅広域公園では「休憩所」になっている建物へ入り、ベンチに腰を下し、妻と共に昼食をしたテーブルの上に、持参したノンアルコールを置き、飲み始めると妻が傍らにいるような気がしてならない。誰もいない時間帯で周囲は静寂に包まれている。緑の山々や連山に囲まれた美しい風景を見回しながら、亡妻を偲び、ノンアルコールを飲み干すと外へ出て、公園のほぼ中央にある「花の広場」まで行く。そこで立ち止まり、私は天空を仰ぎ「母ちゃーん、もう一度この世にもどってきてくれないか、会いたいよー」と、二〜三回叫ぶ。すると天空に幻が現われるような気がする。しかし、それは幻想に過ぎないのだが、それでも私は亡妻の面影が、最も浮遊している所へきたことに満足して、帰路につく。

私がいちばん霊魂不滅を感じる所は亡妻が眠る納骨堂である。家から車で、往復十数分程度しか掛からないのですぐ行ける。妻の死後二年間は毎日焼香に行ったが、その後は一日おきに行くことにしている。予定の日に行かねば気が落ち着かない。

納骨堂には、この寺の住職の話では各人の遺骨を納める場所が百基ほどあるらしく、かなり大きな部屋である。周りは厚い板壁で仕切られ、採光用の小さな窓が数ケ所しかないので、室内は昼間も暗い。私が訪ねる時間帯は午後三時から四時頃であるが、焼香者は誰もいないことが多いので深閑とした寂しい部屋である。そこには幽霊が出没しはしないかと思われるほど暗い。しかし、私は亡妻が幽霊になって現れてくれると会えると思うので少しも恐いことはない。

それでも電源のスイッチを押すと、ぱっと明るくなるので、ほっとする。スリッパを履《は》き、亡妻の眠る場所へ行きながら「母ちゃん、会いにきたよ。何をしていたね?」と声をかける。

まず納骨してある所の上段の奥まった所に置いている妻の写真を覗き込み、「お父さんが来るまで寂しかったんじゃない?」と問いかけ、焼香する。それから写真に向かって対話を始める。大抵、昨日・今日の出来事を報告するが、亡妻の所へ逝くことを考えるようになってから一〇分近くも話し込むことがある。そんな時、ほぼ次のようなことを話す。

「お父さんも、まもなく母ちゃんのところへ逝くよ。ただ寿命が来なければね。しかし、八六歳になったから、そんなに長くはないと思う。もう欲はない、死ぬ覚悟はできている。待っていなさいね。きっと会えると信じているよ。会ったらどんなことから話すかな？　お父さんは、まず、母ちゃんが臨終の時、傍《そば》に居てやれなかったことを深く謝るよ。ご免ね。寂しかったろうね」と。

次に、なんといっても、妻が亡くなってから、私がどんなに苦しみ、悲しみ、つらかったか――そのすべてを話して聞かせたい。

「もう二度とこの世で母ちゃんと会えないのだ、と思うと悲しみがこみ上げ、毎日泣きじゃくってきたのだから……。この三年間、一日たりとも母ちゃんのことを忘れることができず、今もまだ泣く日が多いよ。

夫婦の死別《わかれ》ほどつらいものはない、といわれる通り、僕の生涯で一番つらかった。

そのことを話して聞かせるから、分かって頂戴。そして、この苦しみを二人で分かち合いたいのだ。つまり共有したいのだ。母ちゃんが逝ってからの話もぜひ聞かせてくれよ。あの世のことは、まだ分からないのだから。

あの世で会ったら、まず最初に母ちゃんをしかと抱きしめてやるから、待っていなさいね。

今日は話が長くなってしまった。もう帰るよ。お父さんが来るまで寂しかろうが、我慢して待っているんだよ」

いま述べたような対話をするのは、私が霊魂不滅の思想を念頭に置き、「ハデスの国」(死後の世界)へ旅立つのを夢想しているためではなかろうか。そして、それを信仰のように思い始めているのかも知れない。

直面してみなければ分からないことだが、私は亡妻のもとへ逝くのを、ひたすら思い続け、臨終に望むならば、「死は恐くない」のではなかろうかと思う。確信はできないが、死の恐怖に対する〝覚悟〟にはなると思う。

私は前書において、敬虔なキリスト教徒の娘さんが、天国にいる母のもとへ逝くのだと思えば「死は少しも恐くない」と述べたという話を紹介した。その話について、ここで改めて言及しておきたい。

キリスト教は、イエスをキリストすなわち救い主と信じている宗教といわれている。

そのイエス・キリストは救世主として人々を救助するため、大勢の群衆の前で福音(良き知らせ)を教説・伝道し、これを広めた。しかし、福音に反対する時の権力者たちに逮捕され、十字架の刑に処せられ死亡した。

ところが、奇跡が起こった。イエスは三日後に甦《よみがえ》り、つまり復活して、昇天し、天上にしばらく滞在したのち、また地上へ帰ってくることになった。つまり、キリストは死ぬことなく、永遠に生き残り、民衆と共にある存在となったのである。

私の浅い理解では、この程度しか説明できないが、話を前にもどすことにする。

あの信心深いキリスト信者である一人の娘さんが、死ぬ時「天国にいる母、つまりキリスト(神)と共にいる母のもとへ逝くのだと思えば、死は少しも恐くない」と述べたのは確信に満ちた言葉だったと思う。

私も死ぬ時、このように確信に満ちた〝死に方〟をしたいが、到底、それはできそうにない。ただ、参考にすべきではないかと思い、改めて紹介してみた。

「死生観」と直接関係はないが、私がキリスト教から学んだ最大の教訓は「隣人愛」の精神である。「隣人愛」とは「人類愛」だと解している。

3 仏教における「生と死」とは

最後に、生と死との係わりで、仏教まで言及しておきたい。

仏教の開祖はいうまでもなくお釈迦様である。釈迦は紀元前五世紀ごろインドで活躍した人であり、シャカ族の裕福な王子として生まれたが、宮廷の生活に満足せず、人生の無常を感じ、出家して修行をした。難業苦業と人々との対論や瞑想の末、ようやく三五歳の時「悟り」を得たといわれる。

私たちは仏教で、死生観を語る時、よく「生老病死」という言葉を使う。これは「生れる苦、老いる苦、病の苦、死の苦」を意味するのだという。この四苦に加え「愛別離苦、怨憎会苦、求不得苦、五陰盛苦」の四苦を合わせて「四苦八苦」と総称する。ちなみに、私たちが日常生活で、例えば「暮らしにさえ四苦八苦している」などというが、この語源は仏教用語(『広辞苑』岩波書店刊による)である。

さて、この「四苦八苦」の中で、最も苦しいものは「死苦」であり、この「死苦」から脱却し、心の安らぎを得るということが釈迦の中心思想だといわれている。

ところで、この最も苦しい「死苦」、分かりやすくいえば「死の恐怖」は飽くなき生への執着から生ずるのであり、その執着を断ち切らねばならない。釈迦は「一切の執着を棄てよ」という。それができて初めて心の安らぎを得ることができると説教するのである。つまり、それは「悟り」を開く(覚者になる)ということであろう。

次に述べておかねばならぬことは、釈迦の思想は、ソクラテスやキリストが人の命は永遠に生き延びる、つまり〝無限〟であるといったのとは正反対に、人の命は〝有限〟であるという考え方である。八〇歳で亡くなった釈迦は、弟子に「死後はどうなるか」と訊《き》かれて、「そんなことは分からない」と答えたという。

説明が不十分であるが、私は釈迦が生への一切の執着を断ち切って、はじめて「悟り」が開けるという教説に対し、自分にはとてもそんなことはできないと思った。

最後に仏教の教えで学んだことは「慈悲の心」と「自利利他」の精神である。読んで字のごとく、「自利」とは自分の利益を得ることで利己心であり、「利他」とは他人の利益を重んじる利他心(愛他心)である。この自利と利他の両面をバランスよく兼ね備えて行動することが仏教徒に求められる理想のようである。

仏教は大乗仏教と小乗仏教の二派に分かれているが、大乗仏教は「利他行」に重きを置いて行動する立場を執っているといわれる。

僭越《せんえつ》だが、私は長年、抜き難い利己心(エゴ)と闘い、愛他的に生きようと努めてきたつもりでいるので、「利他行」に重きを置きたい。

4 「霊魂不滅」の存在と影響

死生観を考えるにあたり、三名の偉人の思想と行動を概観してきたが、率直にいって、私はキリスト教徒ではなく、また釈迦が難業苦業の修行に励んだ結果、ようやく得た「悟り」を身につけることなど全く不可能である。そこで、この二人の思想・行動は参考不能とし、ソクラテスの「霊魂不滅」の思想を参考にすることにした次第である。

私が霊魂不滅説を信じ、あの世へ逝き、そこで亡妻と会うことを夢想したことについては、すでに述べたので省略する。

私が霊魂の存在を信じるようになったのは、無論ソクラテスの影響が大きいが、その他に二つの理由がある。

一つ目は、世間一般の人々の中に「あの世」や「天国」から、あるいは「お墓」で、先祖や故人の霊魂が自分たちを見守っていると信じている人が大勢いるということ。そして、この信心を否定できる十分な根拠を持ち合わせていないということである。

二つ目は、今、私が読んでいる社会思想家の佐伯啓思著『死と生』(新潮新書版、広告コピーには「死とは何か。なぜ、怖いのか。死ねばどこへゆくのか」とある)の中で、二人の著名人の考えの一端を述べていることである。八一~八二頁にあるその部分を引用させて頂く。

批評家の小林秀雄も自分の母親が死んだときに、その魂は肉体を離れても、常に自分を見守っていると確信していたようです。民俗学者の柳田国男も同じように、魂の存在を確信していたようです。

私の世代において、この二人は秀でた著名人で、理知的・合理的・科学的な判断と炯眼《けいがん》の持ち主であると私に思われていた。このような文明・文化人が魂の存在を信じていたとは本当だろうかと、私は目を疑ったほどである。

二人とも「魂の存在を確信していたようだ」とも書いている。だとすれば、二人ともどこかでじかに霊魂に遭遇したのであろうか。あるいは魂が夢枕に立ったのだろうか。もしかしたらソクラテスの影響を受けたのではなかろうか等々と推測をしてみたのである。そして、引用文の箇所を繰り返し読むと真に迫る気がすると共に、このような理性的な人が虚言を弄《ろう》するようなことはあるまいと思い、結局二人の言葉を信ずることにした。そして、私も二人にあやかろうと思ったのである。

以上、私はソクラテスを主とし、前記二つの理由も加味し、霊魂の存在を信ずるようになった。そのため、「あの世」や「天空」から、または「墓地」や「納骨堂」などにおいて、故人となった両親や兄、亡妻の霊魂が私を見守っていると思うようになった。私の両親と兄は近くの墓地に埋葬しているので、墓参をし、焼香する時、私は決まって、墓碑に向かって、「お父さん、お母さん、兄ちゃん、あの世で仲良く暮らしているね？　亡くなった和子（私の妻）とも会ってくれたね？　大事にして頂戴よ。僕もまもなくやって来るから、その時はまた一緒に仲良く暮らそうね」などと話しかける。

墓参の時、私と似通った呼びかけはかなりの人がしているのではなかろうか。そんな人は無意識裡に霊魂の存在を認めている証拠といえそうに思うが、どうであろうか。

今まで私は「いかに生きるべきか、いかに死すべきか」を念頭に置き、私の死生観を述べてきた。

そして今、霊魂の存在を信じ、亡妻のいる「あの世」へ逝くのを想像する時、心の安らぎを覚える。そしてなお、「覚悟」して死出の旅立ちをする時、死は運命と思い、自然な気持ちで受容でき、「死は恐くないのではなかろうか」と思っている。

最後に改めて述べるが、私が人間が最も恐がる「死の恐怖」を「恐がらない方向」へ、あるいは「軽減する方向」へ導く方法を模索した結果、辿り着いたこの結論は、ソクラテスの考え方に依拠しているのはいうまでもない。

ソクラテスは「哲学する者は死を少しも恐れない」と言った。なぜかといえば、親愛する人々がハデスの国（死後の世界＝あの世）に住んでおり、再会を希望しているからだ、と言った。

私は何も哲学者ならずとも、一般人の我々が、「あの世」で、親愛する人々と再会できると考えることができれば「死は恐くない」と思うのである。

参考文献

(1)『仏教』「梅原猛の授業」（朝日新聞社）
(2)『哲学のすすめ』梅原猛他九名編著（筑摩書房）
(3)『パイドン』プラトン著、岩田靖夫訳（岩波文庫）
(4)『生きていくあなたへ』（幻冬舎）
(5)『誰にもわかるハイデガー』筒井康隆著（河出書房新社）

（6）『死と生』佐伯啓思著（新潮新書）
（7）『ソクラテス』中野幸次著（清水書院）
（8）『新潮45』（二〇一八年三月号）「妻に先立たれた男の話」
（9）『文藝春秋』（二〇一八年四月号）「亡き妻へ　亡き夫へ」

第四章　読者からの手紙

読者からの手紙を紹介する前に、前書『夫婦の別れ〔死別〕ほどつらいものはない』（二〇一八年七月、樹芸書房刊）を、一五〇名以上の知人・友人・仲間・教え子たちに進呈した理由を述べておかねばなるまい。

私は妻の死去後二年目を機に、教職員退職者の忘年会で、後輩たちに夫婦死別の苦しみ・悲しみ・つらさを伝え、今を生きることの大切さ――夫婦お互いを大事にし、協力し合って暮らすことの大切さ――を訴えた。

これに対し、出席者（約三〇名）のほとんど全員が共鳴・賛同し「今後、妻を、夫を大事にして過ごします」などと述べ、決意を表明してくれた。これがきっかけで、拙書を執筆したのだが、この同僚たちの声援に応えて、できるだけ多くの仲間たちが、幸せに暮らすことを願う気持ちから、進呈した次第である。

その内訳は、私が代表として仲間たちと共に三〇余年間闘った「反戦・反核・平和運動をすすめる大隅市民の会」の会員約五〇名と、知人・友人・教え子たち一〇〇名以上の人たちである。

私から拙書を受けとったこれらの人々は、「一気に読み終り、落涙・感動し、今後の夫婦生活を大事に過ごします。大変参考になり感謝致しております」などといった賛意の書評を書いた手紙を次々によこしてくれた。私への過分な評価をしてくれた読者が多く、欠点の多い私は自らを反省すると共に、忸怩《じくじ》たる思いをしながら、素直に有難く受けることにした。

なお、拙書が南日本新聞紙上へ写真入りで紹介された記事(二〇一八年八月二〇日付朝刊)を読み「これはためになる本」だと一人で二〇冊も購入し、兄弟姉妹や教え子たちへ贈ったという九〇歳の元教師がいた。出版社からその話を聞き、偶然にも私が知っている先生だったので、すぐ電話し謝意を述べた。

私は七〇通に及ぶ手紙を読みながら、逆に教えられることも多く、参考にすると共に「我が意を得た」と思い、出版してよかったと思った。

今回「読者からの手紙」を紹介するにあたり、紙面の都合で約七〇通の中から一五通を記載することにしたが、その選択に大変苦慮した。割愛・除外した手紙の中には、地方で作家活動をしている同僚や、宗教・哲学を研究している友人などからの大変貴重で長文の手紙もある。ここに紹介できず申し訳ない思いをしている。

残り全部を使って、優に一冊の本が出来ると思うほどであるが、八六歳の私にはもう体力の限界である。大切に保管して、日の目を見る日が来るのを願っている。

なお手紙文を紹介する前に断っておくが、拝啓などの慣用句の挨拶文はできる限り省略させて頂き、原文のままを基本に転載いたします。

1 T・K氏より――模範として

▼紹介：T氏は私より五歳ほど若い同僚で、鹿児島県立串木野高校で私と同じ英語を担当した仲間である。明朗でジョークが堪能で、誠実な人物。生徒たちに親愛感を抱かれていた。私たちは家族付き合いをしていた仲で、亡妻も私も大変親しくして頂いた。

ご進呈頂いた御著『夫婦の別れ〔死別〕ほどつらいものはない』は夫婦共々涙なしには読めませんでした。この本の題名の中に、まさしく先生の切なくつらいお気持が凝縮されているように感じられます。死別ほどつらいものはないので、生きているうちに連れ合いを大事にし、悔いのないようにいたわり合いなさいと説かれる先生のお気持は、愛情豊かな、心優しい情熱家としての先生をよく存じ上げている私共夫婦には痛く心に響いて参ります。

御著は私共夫婦のバイブルとして常に傍らに置き、時々目を通して過去の反省と共に自分たち夫婦の今の有り様を見つめる心の糧として大事にして参りたいと存じます。

先生、有難うございました。残り少ない人生、夫婦仲良くして参ります。

今夜も食事をしながら、家内と先生の情熱を語りました。

▽付記：K夫人は隣人たちの親睦のため、毎月一〇名ほどの仲間たちとモアイのような定例の会を開いており、昼食まで共にされるのだという。先月の会で、たまたま私の拙書を読んでおり、昼食は主人と一緒にとりたくなり、二次会をてい良く断り、急いで帰宅して主人と共にしたという。主人は大変喜んでくれたとのことで、これは「上山先生のご本のおかげです」と感謝の言葉を電話でして下さった。
私はありがたくお受けした。

2 T・M夫人より――命のはかなさに思う

▼紹介：私はT夫人の夫（Tさん）とは「九条の会おおすみ」や労働運動などを通じて知り合った仲で、正義感の強い真面目な方である。ご家族は私の近くに住んでおられる。

夫の実家から帰宅してポストを覗《のぞ》くと、上山先生が届けて下さったご本『夫婦の別れ［死別］ほどつらいものはない』が入っておりました。題名に惹《ひ》かれて、家の片付けもそこそこにして、一気に読んでしまいました。

読みながら、先生の奥様への大変深い想いにふれ、文字を追うごとに涙がこぼれ、その時、その場に居合わせたような感覚になりました。

（中略）

私自身、一九歳の時父を、八年前に母を亡くし、先生が書いていらしたような、似た感情を持ち合わせた経験があります。

ただ、連れ合いの場合は、もっと自分自身をどこかへ持っていかれたような深い深い悲しみに沈んでしまうのだろうと思いました。

肉親を若い時に亡くすという、しかもクモ膜下出血でしたので、突然亡くすという経験をしましたので、人というものはあまりにもあっけ無く、自分の前からいなくなるものだという思いから、日々をなるべくおだやかに、今、この時が最後になるかも知れないと思い、家族と接しています。

今回、先生から頂いたご本をきっかけに、夫や家族への思いを大切にしていこうと思います。有難うございました。

3 F・S夫人より——夫の死の危篤と重ね合わせて

▼紹介：Fさん夫婦は、私が「反戦・反核・平和」運動で共に協力し合った二人である。誠実で、真面目な方たちで、まれに見る仲の良い夫婦でもある。私は少し遠距離の所に住んでいるので、お二人に会う機会は少ないが、共に忘れることができない人たち。

本日は先生の渾身のご本をお送り頂き、誠に有難うございました。

いつも私共のことを忘れず、お心遣い下さり、感謝致しております。

今回のご本は、先生の素直な心情がつつみ隠さず述べられており、先生のお人柄が素直で、正直で、一本気な方だと改めて思い知ることでした。

内容は全くこの通りだと、いちいち頷《うなず》きながら読ませて頂きました。

実は私も、夫が五年前、脳炎で死に直面した時、先生同様、約二ケ月間病室の長椅子に寝て、夫に付き添いました。

洗濯に帰宅した時、仏壇の前で、オイオイ声を出して泣きました。神仏に向かって、夫がたとえ半身不随になってもかまわないので、生かして下さい、と祈りました。

幸い、夫は生命力が強く、回復してくれましたが、死を覚悟した時は、もっともっと、優しくしてやればよかったなどと、色々思いました。

先生がご本の中で、奥様の臨終を看取れなかったことを悔い、自責の念を抱き続けておいでのようですが、実は私も先生同様、母親の死を看取れず、長年、自責の念を持ち続けました。

そこで、私が思うことですが、先生の性格を誰よりも分かっておられた奥様は、自分の死に行くさまを見せたくないと望まれたのではないかと。

こんなことを書いて、先生を怒らせそうな気もしますが、先生が奥様の死の場面を直視して、大変なショックを受け、そのことを長く引きずられることを気にかけ、ご自分で選ばれたことのように思います。

奥様はこれから先、先生には元気で自分らしく生きて、子供や孫たちの支えとなって欲しいと、きっと思っていらっしゃると思います。

先日、お会いした時、お元気そうで安心しました。先生は私たちの心のヒーローです。八六歳でも、先生のこれまでの足跡は何ものにも代えがたい貴重な教訓です。

どうぞご自愛下さり、元気で長生きして下さい。それが奥様への何よりのご供養だと思います。

4 A・Y君より——博愛の人か？

▼紹介：A君は私が大学を卒業し、最初に赴任した鹿児島県大島郡にある県立徳之

島高校で、勉強を共にした生徒である。おとなしく、真面目で、成績優秀な生徒だった。大学卒業後、小学校の教師となり、日教組に加入し、オルグとして活躍した誠実な人物である。ちなみに拙著前書(前篇)で「刊行に寄せて」を書いてくれた土岐邦成君の一年後輩でもある。

亡き奥様への追慕の情をかくも赤裸々に記されたことに、小生は言葉を失なう程の深い感銘を覚えています。初めて知る深い苦しみ、底深い悲しみ。しかしそれは、いかに上山先生が奥様を敬愛されていたかの証《あかし》でもあるはずだと、小生は勝手に確信しています。

上山先生が平和運動家として活躍される中で、その熱い熱い心根を、もの静かでありつつ、しかし、しかりと慈母のようなたたずまいで、奥様は先生を支えていらっしゃったのですね。

一度だけになってしまいましたが、お訪ねしたあの日の面談の情景を思い浮かべています。清楚《せいそ》で、白ゆりのような品格を漂わせておいでの奥様のお姿を懐しく思い浮かべています。

上山先生は、やはり博愛のお人柄だなあと、改めて感じ入っています。伴侶との死別の苦しみを我が事だけにせず、多くの人々に、今ある夫婦関係がいかに大切な日々の中で営まれているかを自覚すべしと、提言されています。小生も本当にその通りだなあと、つくづく、自らを振り返りつつ吟味しています。そのことは、ただ思うだけでなく、日常の一見、些細な接し方、向き合い方の中に、行為・態度として、表現されなければなりませんね。日常、つい見失ってしまいがちな伴侶という存在のかけがえの無さ……時に立ち止まって、自己点検する必要を痛感しています。

いつになっても、先生から教えられ、学ばせていただく有難さを改めて噛みしめています。

〝奥様にもよろしくお伝え下さい〟と、いつもならば認《したた》めることが出来たものをと、しみじみと切ない感情がこみ上げてきてしまいます。

先ずは、右お礼まで。

追伸

さすが文筆家・土岐邦成さんの文章・表現の含蓄の深さはもとより、上山先生の足跡、お人柄を余すところなく描き切ったと実感し、感動しました。

5 F・Y氏より——弔辞に涙する

▼紹介：Fさんは私の同僚。高校で商業科の担当をした人で、お人好しで、真面目な人物。私は親しく付き合っている。

先日、先生のお贈り下さった『夫婦の別れ［死別］ほどつらいものはない』を本日読了しました。

高退教大隅支部の忘年会で、陸三先生が「夫婦死別のつらさ」の体験談をされた時、皆が感動し、賛意を表した場面を思い出しています。

奥様の葬儀場での先生の「弔辞」が紹介されていますが、私は何度も繰り返し読み、涙が溢《あふ》れてしまいました。

最後の部分を少し引用させて貰《もら》います。

「母ちゃん、ごめんね。この次生まれ変わったら短気をなくし、ほんとの愛妻家になるから、またお父さんと結婚してね。頼むよ！

おばあちゃんは優しい、と言って親しんでくれた三人の孫にも恵まれてよかったね。もし天国で会えるものなら、子供夫婦に晃及び孫三人と僕たち二人の一〇人で、また会おうね。それでは、これでお別れにしようね。

母ちゃん、さようなら。安らかに眠ってね。」

奥様の和子さんは立派な方でした。私も色々とお世話になったことを忘れられません。

本の中で、先生が「臨終を看取れなかった」ことへの自責の念と「もう二度と妻とはこの世で会うことはできないのだ」という苦しみ・悲しみの記述が何回も出てきますが、私はその都度、心を打たれました。そして最後に、「亡妻の処へ行くのだと思えば死も怖くないと思う」と述べておられるのに悟りのようなものを感じ、納得しました。

改めて、感動の書をお贈り下さったことに対し、感謝申し上げます。

▽付記：私が拙書を書いた動機はＦ氏が述べている忘年会での体験談に由来する。

同会には男性二五名、女性五名計三〇名の参加者がおり、私の話を聞き、ほとんど全員が賛意を表明してくれたからである。話のあと、数名が応答してくれた言葉を参考までに二〜三例、紹介しておきたい。

A氏…忘年会が終ったら二次会には行かず、家に直行し、妻を喜ばせ、大事にします。

B氏…今後、夫婦ゲンカは出来るだけしないようにし、母ちゃんを大事にします。

Cさん…夫の看病疲れで嫌気《いやけ》がさしていましたが、お話を聞き、元気が出ましたので、今まで以上、夫を大事にし、看病に努めます。（Cさんの夫は胃癌とのことだったが、五ケ月後に死去）

今一つ、我田引水だが、F氏同様、妻の葬儀での私の弔辞で、涙を禁じ得なかったという読者が大勢いた。

6 H・M氏より——夫婦仲良く暮らす

▼紹介：H氏は私より二歳年下の弟（四朗）の友人で、鹿児島県中種子《なかたね》町の出身で、

小学校の教師をした方である。私は直接お会いしたことはないが、弟を通じ、拙書を進呈したり文通をしたりして、同氏が極めて真面目・正直で、誠実な方であるのを痛感している。多くの人々に信頼され、学校を退職後は中種子町の教育長まで歴任された方という。

私の今回の拙書を概略ではあるが、全体を通じ、各章ごと詳細に解説して下さっているので、少し長文になるが紹介させて頂く。

　七月六日（二〇一八年）の鹿児島での同窓会で、弟さんの手を通じて、御書『夫婦の別れ［死別］ほどつらいものはない――未体験の夫婦へ伝えたい――』をお贈り下さり誠に有難うございました。

私は先生からすでに、四冊の御著書をお贈りして頂いています。

1『読書のすすめ』
2『恒久の平和を求めて』
3『きちんと知りたい日本の近現代史』
4『遺稿歌集「亡き妻を偲びて」』

先生が執筆なさったこれら四冊の書を、私は書架に並べて、時々、手に取り繰り返し拝読しています。

加えてこの度は、貴重なご本を頂きお礼の言葉もありません。

早速、拝読させて頂き、御令室様を追慕しておいでの心情に深く心を打たれました。

お礼の気持ちで、拝読して心にしみたことを書かせて頂きます。
一、先日、先生から頂いたおハガキに、「夫婦の死別ほどつらいものはありません。伴侶を亡くすことの辛さ、苦しみ、悲しさは言語に絶します。人生最大の苦しさです。
『この世において、もう二度と妻に会えないのだ』と、思うのが一番つらいです」と述べておられたお気持ちが、すべてこの著書名に表われていると思います。

全体的に一言でいって、著書名と表紙絵と夫と妻の短歌に感動しました。以下、個々に亘り、簡単に述べさせて頂きます。

・この著書を通し、夫婦死別のつらさを未体験の夫婦に伝え、夫婦生活の大事さを教えて下さっています。

・表紙のデザインは、高校で美術教師だった人の画筆だそうですが、著者のつらいお気持ちが奥深く表現されていて心を打たれました。

・表紙裏の「亡き妻を追慕して」の短歌二首と裏表紙うらの「妻の遺《のこ》せし短歌《うた》」二首にも夫婦が慕い合う心情が表われていて心にしみました。

二、徳之島高校に勤務された時の教え子である土岐邦成様の「刊行に寄せて」に心を打たれました。素晴らしい教え子さんだと思いました。

恩師の経歴、奥様が宮柊二創刊の短歌誌『コスモス』のれっきとした歌人であったこと、著書に対する思い、先生のプロフィールなどよく分かるように書かれていて敬服しました。

三、「まえがき」で、高退教大隅支部の忘年会で、先生がなさった「夫婦死別」の体験談に参加者が賛同したことに心を打たれました。更に、帰宅して体験談のことを奥様の遺影に向かって報告されたことに感動しました。

四、先生が読者に伝えたいことを第四章に分け、具体的な項目で著述されていることに敬服しました。
五、序章から第四章まで拝読し、心に深く残ったことは「先生が夫婦死別のご自身の体験をこの著書で、未体験の夫婦へ伝え、夫婦が今まで以上に、お互いを大事にし合って、協力し、仲良く暮らすことを願っておられること」でした。(中略)

○お断り：この先、まだ詳細にわたり、丁寧な解説をして頂いているが、拙著の概要がほぼ尽されていると判断するので、以下は割愛させて頂く。H先生には申し訳なく思うと共にご寛恕願いたい。

7 T・T氏より——霊魂不滅の便り

▼紹介：Tさんは鹿児島県指宿市に居住しているが、私より一〇歳若い後輩である。労働運動を通じて知り合い同僚となった人で、真面目で誠実な人柄に私は心を惹《ひ》かれた。高校で社会科の担当をし、教育熱心で、ことに平和教育に主軸を置いておら

れたようだ。

拙書への手紙で「奥様は霊魂として先生のおそばにいつもおられます……云々」と教えてくれ、私を慰めてくれました。

敬愛なる上山陸三先生。この度は『夫婦の別れ［死別］ほどつらいものはない』という貴重な御著書をお贈りくださり、有難うございました。届いた昨夜、妻が寝静まってから、独り居間で、時々涙を浮かべながら読み終えました。先生が奥様をどんなに愛されていたか、それゆえ奥様が他界された後、どんなに先生が、切なく、寂しく、悔しい辛い日々を送っておられるかもよく解りました。

御書が届いたその頃、偶然にも、私が教職引退の挨拶状を先生へ出したのに対し、心温まる労《ねぎら》いのお葉書きを頂戴したことのお礼に電話か葉書を出そうと思っている最中でした。

先の退職の挨拶状には書きませんでしたが、私が六五歳まで無事に教職を全うできたのは妻あってこそだと、本当は妻に一番感謝しています。退職したら妻ファーストの生活をしようと決意し、大したことはできませんが、少しでも妻が喜ぶように心がけてきています。

私はご本を読みながら、途中、先生は子供さんやお孫さんはいないのだろうかと案じました。しかし、息子・娘・お孫さんもおられると判ったので安心しました。

上山先生、もうあまり奥様のことで自分を責めたり、悲しまれるのはお止めになってください。若年の、それも妻と死別した経験のない私が、こういうのは誠に失礼でお叱りを覚悟しています。

先生、奥様の肉体は滅んでも魂は活きています。奥様の姿は見えなくても、返事が聞こえなくても、先生のそばに、いつも奥様は霊魂としておられるのです。そして、先生が奥様のことで泣かれると、奥様の魂も苦しくなるのです。真の成仏がなかなかできにくくなるのです。

私は人間の死後の霊魂の存在を信じています。二〇歳前後で様々な宗教団体の人々と接し、霊魂や死後の世界についての本も読み漁《あさ》りました。生霊も死霊も存在します。現在でも世界中に有能な霊能力者がいて、それを証明しています。これは気休めではありません。愛する人の死を悲しむのは当然です。でも、いつまでもはいけないと思います。

感謝々々の思いこそが死んだ人の魂を和らげるのだと私は信じています。八歳で水死した弟、五五歳で病死した父、そして自分を可愛がってくれた祖父母など、本当に思い出すと、涙を禁じ得ませんが、私はそのように心がけています。お子様の中に、お孫様の中に、奥様を感じながら、そしてご本にもあったように、あの世で奥様にまた会えると信じて、ご自分を大事にして生活していただきたいです。

上山陸三先生、私が徳之島高校勤務時代、先生は鹿児島の県本部の執行委員をしておられました。その時、県教育研究集会の平和教育分科会で、初めて先生にお会いしました。それ以来、先生が今日までずっと私を「誠実な人間」として過分に評価し、大事にして来てくださったことに感謝致しております。（誠実かどうか疑問はありますが、誠実を心がけていることは確かです）

酷暑の夏が続きそうです。クーラーの効《き》いた部屋で、ゆっくり読書や音楽鑑賞をお楽しみください。これまで本当に有難うございました。ご本を読みましたので、私もさらに意識して妻の喜ぶことをしてやりたい、お互いに健康に気を付け、長生きしたいと思います。

8 H・K君より——大学教授が亡妻の霊魂を信じる

▼紹介：H君は高校・大学を通じ私の親友の一人で、現在、鹿児島市在住。高校で国語教師。読書家で、誠実な人物。私の妻が死去する前までは私たち同僚の「ヨカ会」なる会の忘年会に共に参加し、談笑する。

『夫婦の別れ［死別］ほどつらいものはない』をお送り下さり有難うございました。

どういう言葉をかければいいか分からず、お礼の手紙が遅れてしまいました。

色々の感慨がありましたが、貴君が奥様の臨終の場に居合わせなかったということが、真に残念に思えました。居合わせてやりたかったと痛切に思います。残念でしたね。運というほかありませんね。

大学で国語の教授だった木之下正雄先生が夫婦の死別の悲しみを『孤老遺文』という題名で小説ふうに書いた本を下さいました。その時も、かなりのショックを持って読みました。亡妻への思いがこんなにも深いものかと驚きました。死者の霊に会えるといわれている青森県の下北半島に行ったことが書かれています。恐山《おそれざん》に行けば亡妻の霊に会えると信じ込んで行ったのです。大学教授がそのような俗信を簡単に信じるはずはありません。でも、それでも行かねばならなかったことに感動しました。

山形屋裏の西本願寺の納骨堂を訪れた時、年老いた男性が納骨堂のふたを開け、中の骨壺に向かって、連綿《れんめん》と話しかけている姿を見かけました。墓参をすませ、私たちが帰る時も、まだ連綿と話しかけているのです。言葉からして亡妻へ話しかけているのだということは分かりました。死別した妻への思いというものはこんなにも深いものなのだとしみじみ感じました。

同じ年齢の男性で、三年ほど前、奥さんを亡くした人がいます。会うたびに「奥様を大事にしなさいよ」と言葉をかけられます。ただの挨拶程度の言葉と理解して軽く聞き流していましたが、貴君の本を読んでからは、あの言葉の裏には深い思いがこもっているのだとつくづく思いました。亡くなられた貴君の奥様の愛にこたえるためには、ただただ貴君が自分の体を大事にして長生きしてゆくほかはないのかも知れません。これからも奥様の貴君への愛を感じとりながら生きて下さい。

お礼の手紙が遅れましたこと、深くおわび致します。

9 柳秉熙先生より――韓国の友から

▼紹介：柳先生は私が二十数年程前、初めて韓国を訪ねた時、通訳をしてくれ、知り合った方である。日本による朝鮮植民地支配時代、日本へ移住し、北海道の夕張炭鉱で鉱夫として働く。日本敗戦後、帰国して小学校の先生となる。日本語が堪能で、私は柳先生と二〇年以上文通を続け、今日に至っている。現在九〇歳。数年前、

夫人を亡くされ、今はソウル市内のさる施設で暮らしておられる。

上山先生、先日お贈り下さった『夫婦の別れ[死別]ほどつらいものはない』を感動を持って、読了しました。心から感謝申し上げます。すでに先生から四冊の御著書を贈ってもらっており、感謝にたえません。

さて、今日の韓国十月五日は恋に破れた二女の涙らしき時雨が大地を濡らしています。

この様な日には、数年前に亡くなった家内の面影が懐かしく目にちらつきます。

今の小生の心境にも似たる上山先生を思いますと、一緒に泣きたい気持で書いています。

実は、先生の著書に接する以前、小生は家内の死に、あまり気を配らず日々を送っていたのですが、先生の亡き奥様への追慕の文に接して、初めて私の無情を自覚し、深く反省しました。以来、家内の死を悼み、先生のように追慕している次第です。

先生の亡妻を偲《しの》ぶ深い心に感動し、私も先生に共鳴し、家内を追慕するようになったことを深く感謝申し上げます。

今は時雨の黄昏《たそがれ》です。並木のアスファルトの道に散る雨しずくが、淋《さび》しく、悲しい思いにさそいます。

先生、お互い残り少なき余生を患い無きよう留意して過ごしましょう。

10 T・R氏より——米国在住の友人から

▼紹介：Tさんは私が鹿児島県立串木野高校に在職中、大学卒業後一年間非常勤講師として勤めた人である。担当教科の英語は優秀で、翌年留学試験に合格し、渡米して以来、ロサンゼルスに永住している。学究肌の人で、真面目・誠実な人物。夫人も立派な方で、同地のさる会社に勤務しておられるようである。

敬愛する上山先生。

新著『夫婦の別れ「死別」ほどつらいものはない』を贈って下さり、誠に有難うございました。文学の主要テーマを研究なさり、実人生の体験を通じ、ロゴスの域に達せられた先生の、長年の努力は（未体験の）夫婦だけに限らず、多くの老若男女の心を揺《ゆ》さぶるにちがいありません。文学とは程遠い、どん底の生活を強いられてきた小生にとっても、心洗われる思いがするのですから。食べるために、多くの時間とエネルギーを費やし、いかに生きるべきかを考える余裕のなかった小生にとっても、先生と亡き奥様の言葉は御馳走になるのですから。疲弊した脳の一角に、先生の言葉を食べて滋養にしたいという欲望が生まれているのを感じるのです。

有難うございます。奥様にも同じく有難うございます。

人間の生老病死の四苦に加えて、愛別離苦を含む八苦は、古来、文学の中心題材として扱われてきたものですが、小生にとっては、研鑽不足で、これらについて語る素養が不足していることは否めない。が、先生の新著は多くのことを考えさせ、人生の奥義を示唆してくれます。誤解を恐れずに言わせてもらいますと、奥様を亡くされ、苦しんでいらっしゃる様子が、先生の短歌にも、手記にも、如実に表明されていますが、先生はなんと恵まれていらっしゃる方なんだろう、と。それは奥様の先生への深い愛があったからこそなんだ。また先生から奥様への信頼と愛が深かったから、知覚できるラブ（愛）を持つことはなくても、日々の生活の味、短歌に表われている詩心（うた）は、失われないでしょう。先生は何も失っていらっしゃらない。苦しみのトンネルをポジティブに、限りなく奥様と共に歩き続けて下さい。「求めよ、さらば与えられん」苦しみが苦しみでなくなる日がきっと来るにちがいありません。

11 東北の歌人より——短歌称賛される

▼紹介：次に紹介する文章は、拙著前書（前篇）の「刊行に寄せて」を書いてくれた土岐邦成君へ寄せられた手紙からの引用である。筆者は盛岡市在住の歌人で、土岐君が所属している短歌誌『群山《むらやま》』の同人だったが、現在はフリーで活躍しておられるとのこと。私の稚拙な短歌を過分に称賛して頂いたので紹介させてもらうことにした。

上山さんの短歌は技巧やてらいを捨てた、人間の本心をズバリ、短歌の型式を借りて表現している。上手、下手は二の次ですぞ!! そんなことを言う人に貸す耳は私にはない。何より感心したのは、漢字にルビを打つ正確さ。亡妻(つま)、永久(とわ)、夫(つま)等。実に細やかな心情を偽りなく、ありのままに表現しているので、スンナリ入ってきて理解も容易。加えて正しいルビの使い方など、実に丁寧に作歌しているのが分かり、好感を抱くのです。臨場感があります。

それにしても、亡くなった奥さん、あの世で幸せだと思います。また、ここまで奥さんを愛し、追慕する上山さんも偉い。立派の一語に尽きます。

上山さんの歌には真実があります。嘘がありません。その実直な上山さんは、土岐さんが恩師と呼ぶ人。

その恩師の上山さんが「あとがき」で、土岐さんを評して「温厚実直で、誠実な人柄であり、他人の面倒みがよく、多くの同僚たちに信頼されている人物」と述べている。

小生は八〇歳になって、ここまで評される土岐さんと巡り合ったことに、誇りと嬉しさ、歓びを感じています。有難いことです。神に感謝しています。改めて土岐さんへ尊敬の念を抱きます。

12 S・K氏より——夫婦生活の今を大事に

▼紹介：Sさんは私より二〇歳以上若い西日本新聞社の記者である。鹿屋支局勤務の時、取材に拙宅を訪ねて下さったりして知り合う。正義感に富み、真面目、誠実な人物。現在、福岡市在住。

いただいた本を読み、上山さんの奥様への深い愛情にただただ圧倒されました。死別の苦しさ、悲しさが伝わり、自分は今どうしているか、と反省させられました。

自分が生きていること、妻も生きていること、二人で暮らせていられること——これまで当り前のように感じていたことを、あらためて気付かせてもらいました。今、こうしていることの大事さをもう一度、じっくり受け止めたいと思いました。

わが身を振り返る機会を与えていただき、上山さんには本当に感謝しています。八六歳とのこと。どうぞ御自愛下さいませ。

13 F・H氏より――信念に生きた先輩へ

▼紹介：Fさんは私より二〇歳ほど若い後輩で、鹿児島大学卒業後、鹿屋市立鹿屋女子高校で、社会科の先生をし、私と机を並べて仕事をした仲間。大変勤勉で、真面目、誠実な人物。現在、出身地の金沢市に住んでいる。私を過大に評価してくれて、忸怩《じくじ》たる思いをするが、素直に受けて紹介させて頂く。

日本の男性の平均寿命を既に凌駕され、八六歳の現在も健筆を揮われ、良いと思ったことは迷わず実行され、且つ、ぶれない信念をお持ちの先生は、私の「人生の理想の師」のお一人です。「己の欲するところに従いて、矩《のり》を越えず」、この孔子の晩年の理想の生き方を実践されていると思います。

生ある限り、世のため、人のため、とりあえず、「卒寿」をめざしていただけましたらと切望致します。

『夫婦の別れ［死別］ほどつらいものはない』をご進呈いただき、有難うございました。早速、一気に読み終え、先生の悔いと苦しみの「想念」を繰り返さないように私も日々努めようと思います。

さて、先般、九六歳の養母が亡くなりましたが、最後をしっかり看取ることができ、先生が看取れなかったことを悔いておられるのに対し、私は安堵致しました。

この間の詳しい状況を別刷りの通夜、葬儀の挨拶文に書いていますので、よろしければ読んでいただけたら幸いです。

最後に、先生が著書で述べておられる教訓を忠実に守り、妻を大切にし、家事全般を少しずつ習って、妻の負担が軽くなるよう努力して参ります。まだまだ修行が足りませんが、不器用ゆえに一番苦手な料理にも、いずれ妻に教えを請い、挑戦していこうと思っています。先生、大変有難うございました。どうぞ、お体を大事にお過ごし下さい。

14 M・Eさんより――赤裸々な吐露に驚嘆

▼紹介：Mさんは桜島に近い垂水《たるみず》市立垂水小学校で、私の弟（四朗）と共に教鞭を執っていた女教師で、作家でもある。弟の手を通じ私の本を進呈した。早速、お礼のハガキを下さった。私はMさんの文章に惹《ひ》かれ、返礼した。それに対し、またハガキを下さった。その二通のハガキを紹介する。Mさんは定年退職後夫婦生活を送っておられる由。私も一度だけ対面している。

御無沙汰致しております。垂水のMです。昨日は、四朗先生から『夫婦の別れ［死別］ほどつらいものはない』が送ってきて、その日のうちに読んでしまいました。二年余りを経ても、亡き奥様への愛惜の情にもだえ、悲嘆に暮れておられる心情が心深くまで伝わり、私も胸をえぐられるような気持になりました。未体験の者には分からないことかも知れませんが、一つだけ、先生が奥様の「臨終を看取れなかった」ことへの痛恨の思いは、もうそろそろ忘れられてもいいのではないかしら？　何故なら、奥様には分かっていて、天か神か、もしくは奥様の深い意図で、そのようになっていたように思えるのです。

次は私が最初のハガキの返礼に、次のように書いた。

M先生もご存知の大隅広域公園へ私は妻としばしば行き、昼食を共にしていました。そこには妻の面影がいっぱい漂っており、私は毎月一〜二回、同公園へ妻の面影を求めて行きます。そして、公園の中央にある「花の広場」のあたりで、天空を仰ぎ、「母ーちゃーん！ もう一度この世へもどって来てくれないか！ 会いたいよー！」

この部分を読んでの二通目のハガキ。

とても想いのこもったお葉書に再び、先生の奥様への惜別の情の深さを思い、胸がいっぱいになって、拝読致しました。未経験の者の感想などを、しっかり受けとめて下さって、ありがとうございます。こんなに赤裸々に吐露される文は見たことがありませんが、読む者の胸にしっかり届きます。

私の身の上話は御存知ありませんが、私は父が戦病死して、残された母が再婚もせず、愛情いっぱいに育ててくれたのです。その母も私が成人した年の暮れ、私一人を残して天に召されました。かけがえのない母を失い、ひとりぼっちになった私は、どんなに孤独で寂しかったことか……。いくら慰められても、寂しさ、悲しみが消えるものではありませんでした。結婚するまでの七年間を私は、「心の氷河期」と名付けています。一見「明るいね」「強いね」と言われつつも、私の心の中はいつも孤独でした。だから、かけがえのない存在を失った後の寂しさだけは人一倍分かるつもりです。

先生、思う存分、奥様を偲んであげてください。

15 上坪《かみつぼ》美和子(九二歳)さんからの手紙——健筆に驚嘆する

▼紹介：九二歳という高齢の方の「健筆」ぶりを紹介したく思い、私(筆者)の方から了解を得て、一人だけ実名を記すことにした。上坪夫人は、南日本新聞で、拙書が夫婦写真入りで紹介された記事を見て、早速、本を注文し、購読されたようだ。出版社の知らせで、亡夫の忌明けの香典返しに拙書を一〇冊以上も購入し、各人に

送られたという。そこで、私は早速、お礼の電話をした。同夫人は鹿児島市在住で、ご高齢にも拘らず、年齢を感じさせない明瞭な声で応答され、私がお礼を述べると、逆に向こうからそれ以上の謝意を表された。次に紹介する手紙をお読みいただけば、人となりや教養の豊かさがお分かりいただけると思う。

はじめまして。

いまだ見も知らぬ先生へ突然、筆を執る不躾をお赦し下さいませ。

この度は、先生出版のご本、早速求めて読ませて頂きました。読めば随所に胸打たれ、この頁、あの頁と涙なしでは読めませんでした。先生がおっしゃる通り、夫婦の死別ほどつらいものはないですね。

私も主人を失って、今日で四ケ月、未だに私の胸は落ち着きません。勿論、涙も乾かずです。トイレに入れば噎《むせ》び泣きしています。

ところで、先生のご立派な「弔辞」には涙を禁じ得ませんでした。

奥様と私は似通ったことが色々あり、私もこの一月、交通事故で股関節脱臼骨折で六ケ月入院。それを上回ること数年、ある大きな病気をしました。

交通事故で入院中、突然主人の死亡の報せが病院へ届き、我を失わんばかりに力を落しました。しかし、これではと気を取りもどし、頑張ることにしました。

さて、このご本で、先生の誠実なお人柄とまたお優しい心根の持主でいらっしゃる事がよく伝わって参りました。こんなに立派なご主人様をおいて先立たれたこと、実に奥様お可哀相と思います。しかしまた、先生も何彼と大変でございましょう。

また考えてみますと、奥様は幾千万里彼方のお浄土から先生の日常のお幸せを念じておいででしょうと思います。

ところでまた、お二人様の短歌はよどみなく自然に流れて、どの短歌にも心を強く打たれました。そして思ったことは私も早くに短歌をお勉強すればよかったと。私が心がけたのは五七五でした。

そこで、私が退院したのはつい先日のことで、次に詠んだ二作をご鑑賞いただければ有難いです。ご笑覧下さい。

退院の試歩によろめく秋の風
　高千穂の峯やはるかに秋うらら
最後に、あと少しで東京オリンピックも開催されますね。元気で観られますよう長生きしましょう。
先生、日々をお大事に頑張ってお過ごし下さいませ。これで失礼します。

▽付記：私は六歳も年上のご夫人から、先生呼ばわりをされかつ懇切丁寧なお手紙を頂いたことを大変恐縮に思うと共に深謝した。

　以上、一五名の読者からの手紙を紹介したが、私には身に余る賞讃のものばかりで、返礼の言葉が見つからない。

　最後に、妻の死去後三年を過ぎたが「忘れな草」は咲いてくれなかった。咲いてくれるとすれば、私が亡妻のもとへ逝く時でしょう。読者の皆様へご期待（？）をおかけしたことを申し訳なく思っています。

あとがき

私は前書（前篇）『夫婦の別れ［死別］ほどつらいものはない』に続く本書（後篇）『忘れな草は咲くか』において、稚拙な「私の死生観」を書いた。

人間は皆、死を避けることはできない。人は死すべき運命にある。その運命である死を人は最も恐怖する。

私はその恐怖を少しでもなくし、あるいは軽減する「死に方」はないものかと模索した。その結果、到達したのが霊魂不滅の思想である。

本書で詳述したので省略するが、もし私たちが、霊魂は不滅で死後の世界においても、愛する人々と再会できると信ずることができれば、死は恐くないと思う。

いうまでもないことだが、霊魂不滅の思想を信じるようになることは容易なことではない。自問自答、半信半疑、自家撞着《じかどうちゃく》、自己不信などの連続である。

しかし、結局、私は本書で述べた通り、霊魂は存在し、不滅であることを信じるようになった。私の考えを一笑に付する読者がおられると思う。それは結構である。思想・信条は自由なのだから。

ただ私は、一言《ひとこと》いっておきたいことがある。それは、この世において科学や理性や唯物論で割りきれず、判明できないことも多々あるということである。

そこで、もし私の稚拙な「死生観」が、読者の誰かの参考になり、人間が一番恐がる「死の恐怖」を軽減するのに役立つならば幸いである。

最後に、前書に引き続き、この度も「刊行に寄せて」を執筆してくれた教え子で、歌人でもある土岐邦成君と、カバー・表紙を見事なデザインで画《えが》いてくれた同僚の画家でもある河野たつひと氏に対し、深く感謝する。

なお、樹芸書房代表の小口卓也さんは、私の生《なま》原稿を丹念に編集してくださった。この労苦に対しても深甚の謝意を表する。

二〇一九(平成三一)年　一月

上山　陸三

本書は、『夫婦の別れ[死別]ほどつらいものはない
——未体験の夫婦へ伝えたい——』を前篇と位置づけ、後篇として書き下ろしたものである。

上山 陸三（うえやま りくぞう）

1932（昭和７）年　鹿児島県大隅半島に生まれる。

1955（昭和30）年　鹿児島大学文理学部（英米文学専攻）卒業後、鹿児島県内各地の高校で英語教師として教鞭をとる。

1992（平成４）年　同県立高山高校を最後に定年退職。


1982（昭和57）年　「反戦・反核・平和運動をすすめる大隅市民の会」を市民仲間と結成。同会代表として平和運動に三十余年間従事。今日では後輩に継承するも、一会員として積極的に参加。

2014（平成26）年　遠藤三郎賞（平和賞）を受賞。

著 書　『読書のすすめ』『戦争責任を自らに問う』『夫婦の別れ［死別］ほどつらいものはない』以上、樹芸書房刊
『きちんと知りたい日本の近現代史』『恒久の平和を求めて』『遺稿歌集 亡き妻を偲びて』以上、南方新社刊

忘れな草は咲くか

——私の死生観——

2019年 2 月23日　初版第 1 刷発行

著　者　上山 陸三
発行者　小口 卓也
発行所　樹 芸 書 房
〒186-0015 東京都国立市矢川 3 - 3 - 12
Tel&Fax：042(577)2738
印刷・製本　明誠企画

日本音楽著作権協会（出）許諾第1814236-801号

~~ISBN978-4-915245-70-1~~
定価はカバーに表示してあります。